Joni

Livres des Editions L'Eau Vive:

Joni Eareckson et Joe Musser

Le dur combat d'une jeune tétraplégique
contre l'adversité.

EDITION - 10, RUE DE FRIBOURG - 1211 GENÈVE 2

L'édition originale a paru aux USA sous le titre

JONI

chez Zondervan, Publishing House, Grand Rapids.

© 1976 Joni Eareckson et Joe Musser

© 1978 Editions L'Eau Vive, Genève
pour l'édition française

4e édition - 38e mille

ISBN 2-88035-001-8

Traduit de l'anglais par France Cachelin

Préface

Isolée, prise à part, qu'est-ce qu'une minute ? Une mesure de temps, tout simplement. Il y en a soixante dans une heure, mille quatre cent quarante en une journée. A dix-sept ans, plus de neuf millions de minutes avaient déjà tictaqué dans ma vie.

Et pourtant, sur un certain plan cosmique, cette seule minute restait unique. Dans ses soixante secondes fut condensée plus de signification que dans tous les millions de minutes qui avaient tissé mon existence jusque-là.

Tant d'actions, de sensations, de pensées, de sentiments se trouvèrent concentrés dans ce fragment de temps ! Comment puis-je les décrire ? Comment les cataloguer ?

Je me souviens très clairement des détails de ces quelques douzaines de secondes — secondes destinées à changer mon existence pour toujours. Et cela, sans avertissement ni prémonition.

Ce qui arriva le 30 juillet 1967 fut le commencement d'une incroyable aventure que je me sens poussée à partager à cause de tout ce qu'elle m'a fait apprendre.

Oscar Wilde a écrit : « Dans ce monde, il n'y a que deux tragédies. L'une est de ne pas obtenir ce que l'on désire, et l'autre, c'est de l'obtenir. »

A cette pensée, j'ajouterai qu'il n'y a que deux joies vraies dans la vie. La première, c'est que Dieu répond à toutes nos prières ; la seconde, c'est qu'il ne nous donne pas toujours la réponse souhaitée. Je crois cela parce que j'ai découvert que Dieu connaît mes besoins infiniment mieux que moi-même. Et l'on peut absolument compter sur lui quelle que soit la direction où les circonstances nous entraînent.

Joni Eareckson

1

Le brûlant soleil de juillet descendait à l'occident et enveloppait la baie de Chesapeake d'une chaude lumière rouge. L'eau, elle, était sombre et, lorsque mon corps en fendit la surface en plongeant, sa froide limpidité éteignit l'éclat de ma peau.

Dans une confusion indescriptible d'actions et de sensations, beaucoup de choses se produisirent simultanément. Ma tête heurta quelque obstacle dur qui ne céda pas. En même temps, maladroitement et follement, mon corps se débattit, échappant à tout contrôle. J'ai le souvenir d'un fort choc électrique, accompagné de vibrations — comme si un lourd ressort de métal s'était brusquement détendu, son bruit sans doute assourdi par l'eau. Mais ce n'était pas réellement un son, ni même un sentiment, une sensation tout simplement. Aucune douleur.

J'entendais dans l'eau le bruit du sable grinçant et crissant. J'étais étendue la face contre le fond. *Où ? Comment suis-je venue là ? Pourquoi mes bras sont-ils attachés à ma poitrine ?* En pensée, je hurlais :

— Je suis prisonnière !

Un petit courant me souleva légèrement et me reposa sur le fond. Du coin de l'œil, je voyais de la lumière au-dessus de moi. Un peu de mon trouble disparut. Je me souvins que j'avais plongé dans la baie. Alors quoi ? Etais-je prise dans un filet de pêche ou dans quelque chose d'autre ? Il fallait que je sorte ! J'essayai de me libérer à coups de pieds, mais ceux-ci devaient aussi être pris !

La panique m'envahit. De toute mon énergie, je tentai de me dégager. Sans succès. Une autre vague de fond m'atteignit et roula plus loin.

— *Qu'est-ce qui ne va pas ? Ma tête a cogné le fond. Suis-je inconsciente ? C'est comme dans un cauchemar, quand on n'arrive pas à bouger. Impossible ! Mais je vais me noyer ! Est-ce que je me réveillerai à temps ? Quelqu'un me verra-t-il ? Je ne peux pas être évanouie, car je ne me rendrais pas compte de ce qui m'arrive. Non ! Je vis !*

Je commençais à être fatiguée de retenir ma respiration. Il faudrait bientôt que je reprenne mon souffle.

Une nouvelle vague de la marée me souleva doucement. Des fragments de visages, de pensées et de souvenirs défilaient rapidement dans mon état de conscience. Mes amis, mes parents. Des choses dont j'avais honte. Peut-être Dieu m'appelait-il à venir m'expliquer sur ces actes ?

— Joni !

Une voix lugubre résonnait dans quelque mystérieux corridor, presque comme une sommation. Etait-ce Dieu ? Ou la mort ?

— *Je vais mourir ! Je ne veux pas mourir ! Aide-moi, s'il te plaît !*

— Joni !

— *Est-ce que personne ne se soucie de moi ? Il faut que je respire !*

— Joni !

Cette voix, étouffée par l'eau, paraissait venir de très loin. Maintenant, elle se rapprochait.

— Joni, tu vas bien ?

— *Kathy ! Ma sœur me voit ! Aide-moi, Kathy ! Je suis prise ici au fond !*

La vague suivante de la marée montante fut plus forte que les autres et me porta un peu plus haut. Je retombai au milieu des coquillages brisés, des pierres et du sable qui égratignaient mes épaules et mon visage.

— Joni ! Tu cherches des coquillages ?

— *Non ! Je suis prise ici en bas ; soulève-moi, je t'en prie ! Je ne peux pas retenir mon souffle plus longtemps !*

— As-tu plongé ici ? L'eau est tellement basse !

J'entendais clairement la voix de Kathy.

D'après son ombre, elle était au-dessus de moi maintenant. Je luttais intérieurement contre la panique, je n'avais plus d'air. Tout devenait sombre.

Je sentis le bras de Kathy autour de mes épaules.

— *Oh ! S'il te plaît, mon Dieu ! Ne me laisse pas mourir !*

Kathy luttait, trébuchait, se relevait.

— *Oh ! Dieu ! Encore combien de temps ?*

Tout devint noir et, quoique dans les bras de Kathy, je me sentis tomber. A l'instant où j'allais m'évanouir, ma tête arriva à la surface de l'eau. De l'air ! Magnifique, vivifiant, chargé de sel, cet air ! J'aspirai tant d'oxygène d'un coup que je faillis étouffer. Haletante, j'en avalai à longs traits !

— Oh ! Merci, mon Dieu ! Merci ! fut tout ce que je pus dire.

— Alors ? Ça va ? demanda Kathy.

Je fis un effort pour éclaircir mon esprit embrouillé, mais cela ne me réussit pas. Mon bras reposait sans vie sur son épaule ; pourtant, je sentais qu'il était encore attaché à mon corps.

Je regardai. Mes bras ne se tenaient pas. Je compris, avec une horreur croissante, que mes membres pendaient immobiles, paralysés. Je ne pouvais pas m'en servir !

Dans la confusion du moment, Kathy prit en main la situation. Elle appela un nageur qui se trouvait sur un radeau pneumatique. Avec peine, ils me hissèrent et poussèrent le radeau vers la rive. Je l'entendis grincer au-dessous de moi sur le sable de la plage.

J'essayai de me lever, mais restai clouée au bateau. Les gens commencèrent à s'assembler pour voir ce qui se passait. Bientôt une foule se penchait sur moi, les visages me considérant avec curiosité. Leurs regards et leurs chuchotements m'embarrassaient, je me sentais mal à l'aise et encore plus embrouillée.

— Kathy ! S'il te plaît, dis-leur de s'en aller !

— Oui ! Que tout le monde parte ! Que quelqu'un appelle une ambulance ! Retirez-vous ! Elle a besoin d'air, implora Kathy.

Butch, l'ami de ma sœur, s'agenouilla près de moi ; son corps maigre me protégeait de la foule, qui se retirait peu à peu.

— Ça va, petite ? me demanda-t-il.

Ses grands yeux noirs, d'habitude souriants et malicieux, étaient assombris par le souci.

— Kathy ! Je ne peux pas bouger !

J'étais effrayée. Je vis qu'ils l'étaient aussi.

Kathy fit un signe d'assentiment.

— Tiens-moi !

— Je te tiens, Joni !

Elle éleva mes mains pour me montrer qu'elle les tenait fermement.

— Mais je ne sens pas ! Serre-moi !

Kathy se pencha et me tint serrée contre elle. Je ne percevais pas son étreinte.

— Peux-tu sentir ça ?

Elle me toucha la jambe.

— Non ! répondis-je.

— Et ça ?

Elle me pressa l'avant-bras.

— Non ! m'écriai-je. Je ne sens rien !

— Et ceci, maintenant ?

Sa main glissa le long de mon bras et s'arrêta à mon épaule.

— Oui ! Oui ! Je sens ça !

Le soulagement et la joie nous envahirent soudain. Enfin, sur une partie de mon corps, j'avais une sensation.

Etendue sur le sable, j'essayai de comprendre les raisons de mon accident. J'avais heurté ma tête en plongeant ; je m'étais blessé quelque chose, ce qui causait cet engourdissement. Je me demandais combien de temps cela durerait.

— Ne vous tracassez pas ! dis-je pour rassurer Butch et Kathy... et moi-même. Le Seigneur ne permettra pas qu'un malheur m'arrive. Je serai bientôt tout à fait bien !

J'entendis l'appel d'une sirène. Très vite, l'ambulance arriva et les portes furent ouvertes. En moins d'une minute, les infirmiers m'avaient soulevée avec compétence et étendue sur un brancard. Dans leurs uniformes blancs amidonnés, ils avaient quelque chose de réconfortant quand ils m'installèrent, avec beaucoup de précaution, à l'arrière de l'ambulance. La foule des curieux nous avait suivis.

Kathy s'apprêta à monter. Butch lui prit la main et lui dit doucement :

— Je vais suivre avec la voiture.

Puis il fit un signe grave au chauffeur et lui dit :

— Prenez soin d'elle !

La sirène se mit à retentir et nous quittâmes la plage.

Je regardai l'infirmier assis près de moi et dis :

— Cela m'ennuie beaucoup de vous causer toute cette peine. Je pense qu'une fois que j'aurai retrouvé ma respiration, tout ira bien. Je suis sûre que cet engourdissement va passer bientôt !

Il ne répondit pas, mais se pencha vers moi et m'enleva

le sable qui était resté sur mon visage. Il sourit et tourna la tête d'un autre côté.

J'aurais voulu qu'il dise quelque chose pour m'assurer que tout était en ordre, que je pourrais rentrer à la maison dès que les médecins de l'hôpital m'auraient examinée. C'était ce que je pensais. Mais aucune parole consolante ne fut prononcée. Je fus laissée à mes propres réflexions et à mes prières, tandis que la sirène continuait à mugir plaintivement. Je regardais par la fenêtre la ville qui défilait.

L'Eternel est mon berger...

Les gens sur les trottoirs regardaient avec curiosité.

Je ne manquerai de rien...

Les voitures s'écartaient sur notre passage.

Il me fait reposer dans de verts pâturages...

L'ambulance ralentit et entra dans un boulevard animé.

Il restaure mon âme...

Je ne pouvais pas assez rassembler mes pensées pour prier. Je cherchais à me rappeler les promesses de la Bible.

Oui ! Même si je marche dans la sombre vallée de la mort, je ne crains aucun mal, car tu es avec moi...

Soudain, la sirène se tut. Le chauffeur s'arrêta devant les portes de l'hôpital et les infirmiers commencèrent immédiatement à sortir mon brancard. Alors qu'ils me balançaient doucement, je vis l'écriteau :

« Entrée des urgences — Défense de parquer.

Réservé aux véhicules de secours. »

Le ciel s'était assombri sur la ville ; le soleil s'était couché. J'avais froid et désirais ardemment être à la maison.

A l'intérieur, dans les locaux des urgences, on déployait une intense activité. Je fus portée dans une salle et placée sur une table roulante. La lumière me blessait les yeux. En détournant mon visage pour éviter son éclat, je pus voir l'équipement et le matériel bien alignés et prêts à l'emploi. Des bouteilles, de la gaze, des bandages, des plateaux, des ciseaux, des scalpels, des bocaux, des paquets portant de très longs noms médicaux et des objets de formes étranges se trouvaient réunis là. Les odeurs antiseptiques et des relents âcres me donnaient un peu mal au cœur.

Une infirmière m'attacha sur la table et m'emmena dans un des nombreux boxes. Elle tira les rideaux autour de moi. Une fois de plus, je luttai désespérément pour mouvoir mes bras et mes jambes. Ils étaient toujours inertes. Je me sentais tellement impuissante. J'avais des nausées et tremblais de peur. Des larmes remplirent mes yeux.

Je suppliai :

— Ne pouvez-vous pas me dire ce qui m'est arrivé ?

L'infirmière haussa seulement les épaules et se mit à m'enlever mes bagues.

— Le docteur va venir bientôt. Maintenant, je vais mettre vos bijoux dans cette enveloppe. C'est le règlement.

— Combien de temps devrai-je rester ici ? Pourrai-je rentrer chez moi ce soir ?

— Je regrette ! C'est au docteur que vous demanderez cela. C'est le règlement !

Il n'y avait aucun sentiment dans ses réponses, qui résonnaient comme un enregistrement téléphonique.

Une autre infirmière entra dans la chambre avec des questionnaires à remplir.

— Votre nom, s'il vous plaît ?

— Joni Eareckson.

— Johnny ? J-o-h-n-n-y ?

— Non ! On prononce Johnny — comme le nom de mon père — mais on écrit J-o-n-i. Mon nom de famille est E-a-r-e-c-k-s-o-n.

Puis je donnai mon adresse, le nom de mes parents et leur numéro de téléphone, en la priant de les appeler.

— Avez-vous une assurance ?

— Je ne sais pas. Demandez à mes parents — ou à ma sœur. Elle est probablement dans le corridor. Elle était avec moi sur la plage. Elle s'appelle Kathy. Demandez-lui !

L'infirmière s'en alla avec son registre. L'autre posa l'enveloppe avec mes biens sur une table, puis ouvrit un tiroir et en sortit une grande paire de ciseaux.

— Que voulez-vous faire ? bégayai-je.

— Il faut que je vous enlève votre costume de bain !

— Mais vous n'allez pas le couper ? Il est tout neuf ! Je viens de le recevoir et c'est mon fav...

— Je regrette ! C'est le règlement ! répéta-t-elle.

Le pénible crissement des ciseaux éveillait l'écho des parois enduites de plâtre. Elle tira les morceaux d'étoffe et les jeta dans une corbeille à papier. Peu lui importait. Le costume comptait pour rien à ses yeux. J'avais envie de pleurer.

Elle étendit un drap sur moi et s'en alla. J'étais mal à l'aise. Le drap glissa, exposant en partie ma poitrine, et je ne pouvais pas faire un geste pour le remonter.

La peur provoqua finalement un flot de chaudes larmes lorsque je commençai à comprendre le sérieux de la situation.

Oui ! Si je marche dans la vallée de l'ombre de la mort, je ne crains aucun mal, car tu es avec moi...

Je luttai pour retenir mes larmes et cherchai à penser à autre chose.

Je me demande si Kathy a téléphoné à papa et maman. Dick est-il déjà au courant ?

Un homme vêtu d'un pantalon de tweed sombre et d'une blouse blanche tira les rideaux et pénétra dans le compartiment.

— Je suis le docteur Sherrill ! dit-il d'une voix plaisante, en feuilletant les pages d'un dossier. Et votre nom est Joanie ?

— On le prononce Johnny. On m'a appelée comme mon

père. *Est-ce que je dois répéter cette explication à tout le monde ?*

— Okay, Joni ! Voyons un peu ce qui vous est arrivé !

— Docteur Sherrill, quand puis-je rentrer à la maison ?

— Dites-moi, est-ce que vous sentez ceci ?

Il avait une longue aiguille et, apparemment, s'en servait pour piquer mes pieds et mes jambes.

— N...on ! Je ne sens rien !

— Et maintenant ?

Grinçant des dents, je fermai les yeux pour me concentrer dans l'espoir de sentir quelque chose... n'importe quoi...

— Rien !

Il tenait mon bras et pressait l'aiguille dans mes doigts mous, dans mon poignet et dans mon avant-bras.

Pourquoi ne puis-je rien sentir ?

Il toucha le haut du bras. Finalement, je sentis une légère piqûre à l'épaule.

— Oui ! Je sens ça ! Je le sentais à la plage.

Le docteur Sherrill prit sa plume et commença à écrire sur son bloc-notes.

D'autres personnes appartenant au personnel médical commencèrent à apparaître. Au milieu du bruit des tubes, des bouteilles et des plateaux qui s'entrechoquaient, j'entendis le docteur Sherrill demander à un autre médecin d'approcher. Il refit toute la routine de l'aiguille avec le nouvel arrivant et les deux conférèrent ensemble à voix basse, près de la tête de mon lit. Leur jargon ne m'était pas familier.

— Il semble que ce soit une fracture avec dislocation.

— Hum ! Je dirais que c'est au niveau des quatrième et cinquième vertèbres cervicales, à en juger par les zones insensibles.

— Il faudra que nous fassions des recherches. Les rayons X ne nous révéleront pas s'il y a continuité ou non.

— Dois-je demander un appareil ?

— Oui ! Et essayez encore d'atteindre ses parents.

L'assistant sortit rapidement, suivi par une des infirmières. Le docteur Sherrill murmura des instructions à la personne si brusque qui avait coupé mon costume de bain, puis elle s'en alla aussi.

J'observai quelqu'un qui frottait mon bras avec de la ouate et planta une aiguille dans la veine. Je restai absolument insensible.

Du coin de l'œil, je vis le docteur Sherrill tenant une paire de ciseaux électriques. Il y eut un déclic et un ronronnement quand il le mit en marche. Je me demandai ce qu'il allait faire. Avec une terreur croissante, je me rendis compte qu'il approchait l'engin de ma tête.

— Non ! criai-je en sanglotant. S'il vous plaît. Pas mes cheveux ! S'il vous plaît !

Les ciseaux glissèrent sur mon cuir chevelu et je vis des touffes de cheveux blonds tomber sur le sol. Une aide préparait une solution savonneuse. Elle prit un rasoir et s'approcha de moi. *Elle va me raser la tête ! Oh ! mon Dieu ! Non ! Ne le permets pas !*

La chambre commença à tourner. Mon estomac se souleva et je sentis que j'allais m'évanouir. Puis j'entendis un son aigu et vibrant. *C'est un foret !* Quelqu'un me tenait la tête et le foret se mit à creuser le côté de mon crâne.

Je commençai à me sentir somnolente, du fait sans doute de la piqûre que l'on m'avait faite. Je m'endormais. Et puis, de nouveau, j'éprouvai un sentiment de panique. *Et si je ne me réveillais pas ? Est-ce que je reverrai Dick ? Kathy ? Papa et maman ? Oh ! mon Dieu ! J'ai peur !*

Je voyais des visages. J'entendais des voix. Mais tout cela n'avait aucun sens. La salle s'assombrit et le bruit s'apaisa.

Pour la première fois depuis ma plongée, je me sentis détendue et même calme. Cela n'avait plus d'importance que je sois paralysée, que je sois étendue nue sur une table avec la tête rasée. Le foret même n'avait plus rien de menaçant. Je glissai dans un profond sommeil.

* * *

En sortant de l'obscurité, je crus entendre le foret et j'essayai de leur crier d'arrêter. Je ne voulais pas qu'ils creusent dans ma tête alors que j'étais éveillée. Mais aucune parole ne sortit de mes lèvres. Je tentai d'ouvrir les yeux. La salle tournait.

Le bruit, à l'arrière-plan, devint plus distinct. Ce n'était pas le foret, seulement un ventilateur.

Mon esprit et ma vue commencèrent à s'éclaircir mais, pendant un instant, je ne pus nullement me souvenir où j'étais ni pourquoi j'avais peur d'un foret. Ensuite la mémoire me revint.

Je regardai la grille du ventilateur au-dessus de moi, puis le plafond très haut, très ancien, au plâtre fendillé. Je voulus tourner la tête pour voir autour de moi, mais je ne pouvais faire le moindre geste. Des douleurs aiguës de chaque côté de mon front m'empêchaient de me mouvoir. J'eus l'impression que les trous que l'on avait faits dans ma boîte crânienne avaient quelque chose à voir avec tout cela. Du coin de l'œil, j'apercevais de grandes pinces de métal attachées à un système de câbles à ressorts, tirant ma tête loin du reste de mon corps. Il me fallut une force mentale et physique inhabituelle simplement pour prendre connaissance de ces quelques détails de mon nouvel environnement.

Durant ces premiers jours, j'étais tantôt inconsciente, tantôt éveillée. Les drogues m'envoyaient dans un monde fantasmagorique, dans un cauchemar dépourvu de toute réalité. Les hallucinations étaient fréquentes et souvent effrayantes. Les rêves, les impressions et les souvenirs se brouillaient mutuellement, dans une confusion telle qu'il m'arrivait souvent de craindre de perdre la raison.

Un cauchemar qui se répétait souvent me paraissait venir

d'un monde surréaliste, produit par les drogues. Je me trouvais en compagnie de Jason Leverton, mon compagnon des années d'école secondaire. Nous étions dans un endroit étrange, attendant d'être jugés. Nue et honteuse, j'essayais de me couvrir. J'étais debout devant un personnage vêtu d'une longue robe. Je le reconnaissais pour un *apôtre*. Il ne prononçait pas un mot ; néanmoins, je savais que j'allais être jugée. Soudain, il sortait une longue épée et la brandissait dans ma direction, frappant directement ma nuque et me coupant net la tête. Terrorisée, je m'éveillais alors en criant. Ce même rêve me hantait constamment.

D'autres hallucinations provoquées par les médicaments bouleversaient de fond en comble le monde fou des songes. Des couleurs éclatantes, des formes et des figures s'amplifiaient et se contractaient ensuite en d'étranges motifs. Je voyais des taches *effrayantes,* des dessins *paisibles,* des formes et des teintes qui représentaient des sentiments, des humeurs et des émotions.

Le bruyant gémissement d'un malade m'arracha à mon cauchemar. Je ne savais pas combien de temps s'était écoulé depuis ma dernière période de conscience, mais, cette fois, je me trouvais le visage en bas ! Comment étais-je venue à cette position ? Les pinces étaient toujours en place. La pression qu'elles exerçaient de chaque côté de ma tête me causait plus de souffrance mentale et psychique que d'incommodité physique.

Je découvris que j'étais enfermée dans une sorte de cadre en toile, ayant une ouverture pour mon visage. Je n'apercevais que le petit espace au-dessous de mon lit. Une paire de jambes chaussées de souliers blancs et de bas en nylon se trouvaient dans ce champ visuel restreint.

— Mademoiselle ! appelai-je faiblement.

— Oui ! Je suis ici.

— Quoi ?... où ?... hum ! bégayai-je en cherchant à formuler ma question.

— Chut ! N'essayez pas de parler. Vous allez vous fatiguer ! dit-elle.

A sa voix agréable et à sa manière rassurante de s'exprimer, je sus d'emblée qu'elle n'était pas l'infirmière qui avait sans pitié tailladé mon costume de bain, ni celle qui m'avait rasé la tête. Je sentis sa main derrière mon épaule.

— Tâchez de vous reposer ! Continuez de dormir, si vous le pouvez. Vous êtes dans la salle des soins intensifs. Vous avez été opérée et nous prendrons bien soin de vous. Aussi ne vous faites pas de souci ! Entendu ?

Elle me tapota l'épaule. C'était agréable de sentir quelque chose ailleurs qu'à la tête, où les pinces mordaient ma chair et mes os.

Graduellement, je pris conscience de ce qui m'entourait. J'appris que l'appareil que j'appelais un lit était en réalité un cadre Stryker.

Il me semblait être enfermée dans un sandwich de toile, serré par des courroies. Deux infirmières ou des assistantes venaient me retourner toutes les deux heures. Elles plaçaient un cadre de toile sur moi et, tandis qu'une autre personne tenait les poids attachés aux pinces à coulisse (et à ma tête), elles me retournaient lestement à un angle de cent quatre-vingts degrés. Ensuite, elles retiraient le cadre sur lequel j'avais été couchée et s'assuraient que j'étais bien installée dans ma nouvelle position pour les deux heures suivantes. J'avais deux panoramas : le plancher et le plafond.

J'appris incidemment que le cadre Stryker se trouvait dans une salle de soins intensifs de huit lits. Je n'avais jamais entendu cette expression auparavant, mais je m'imaginais que c'était pour les cas sérieux. Les malades n'étaient autorisés à recevoir que des visites de cinq minutes par heure, et seulement de membres de leur famille.

J'appris à mieux connaître mes camarades de chambre.

Par des bribes de conversations, les ordres des médecins et d'autres sons, je finis par savoir bien des choses.

L'homme dans un lit voisin du mien gémissait constamment. Un matin, au moment du remplacement de l'équipe de nuit, j'entendis une infirmière expliquer à sa compagne, dans un murmure :

— Il a tué sa femme et a essayé ensuite de se supprimer. Il n'y arrivera probablement pas. On va l'en empêcher.

Cela expliquait le bruit de chaînes : on lui avait mis des menottes dans son lit.

Un peu plus loin, une femme geignait toute la nuit. Elle demandait aux infirmières de lui donner une cigarette ou de la glace.

Judy était une jeune fille comme moi. Mais elle était dans le coma à la suite de blessures graves causées par un accident de voiture.

Tom, un adolescent, avait eu un accident de plongée. C'est curieux, je savais que Tom s'était fracturé la nuque, mais n'avais pas l'idée que c'était aussi ce qui m'était arrivé. Personne ne me l'avait dit.

Tom ne pouvait même pas respirer par ses propres moyens. Je le sus lorsque je demandai à une infirmière quel bruit on entendait. Elle m'expliqua que c'était l'équipement de ressuscitation de Tom.

Quand nous apprîmes la similitude de nos accidents, nous commençâmes à nous envoyer des billets.

— Bonjour ! Je suis Tom ! disait sa première note en guise d'introduction.

Les infirmières et les visiteurs écrivaient nos messages et nous servaient de courriers.

Le soir, quand l'agitation de l'activité diurne perdait de son intensité, j'entendais les plaintes de ceux qui étaient avec moi dans la salle des soins intensifs. Et j'écoutais le son rassurant de l'équipement de ressuscitation de Tom. Comme je ne pouvais me tourner pour le voir, ce bruit était réconfortant. Je me sentais proche de lui et me demandais comment était son visage. *Demain, pensais-je, il faut qu'il me donne sa photo.*

Tard cette nuit-là, l'appareil s'arrêta soudain. Le silence éclata comme une explosion. La panique s'empara de moi et ma voix s'étouffa lorsque je voulus appeler à l'aide. J'entendis les infirmières arriver en courant au chevet de Tom.

— Son *ressuscitateur* s'est arrêté ! Allez en chercher un autre, vite ! ordonna quelqu'un.

J'entendis le bruit de pas rapides sur les dalles du corridor et le son métallique de l'appareil à oxygène qu'on emportait. Une autre personne était au téléphone dans la salle des infirmières, demandant de l'aide d'urgence. En quelques minutes, la salle, le hall et le poste des infirmières bourdonnaient d'instructions pressantes, lancées à mi-voix.

Un médecin appelait :

— Tom ! M'entendez-vous, Tom ?

Puis il s'exclama brusquement :

— Où se trouve l'autre *ressuscitateur ?*

Une voix féminine demanda :

— Devons-nous essayer la respiration artificielle, docteur ?

Mon esprit se rebellait contre ma paralysie. J'étais impuissante mais, même si j'avais pu me mouvoir, je n'aurais rien pu faire. Les yeux grands ouverts, j'étais couchée là, regardant le plafond.

— L'employé est descendu chercher un autre appareil. Il arrive.

— Continuez le bouche à bouche. Nous devons le maintenir en vie jusqu'à ce que... et la voix de l'homme se tut brusquement.

J'entendis les portes de l'ascenseur s'ouvrir et se refermer, des pas précipités et le cliquetis de l'appareil attendu.

Les sons approchaient de la salle des soins intensifs et, avec un sentiment de soulagement, j'ouïs quelqu'un dire :

— J'ai l'appareil ! Faites place !...

Alors, avec horreur, je perçus la réponse glaciale :

— Peu importe ! Nous l'avons perdu ! Il est mort !

Je sentis la chair de poule à ma nuque. Avec une terreur de plus en plus intense, je compris qu'ils ne parlaient pas d'un malade inconnu, ou de quelque statistique impersonnelle. Ils parlaient de Tom. Tom était mort !

J'aurais voulu crier, mais cela m'était impossible. J'eus peur de dormir, cette nuit, effrayée à la pensée que, moi aussi, je pourrais ne pas me réveiller.

Le lendemain, mon épouvante n'était pas moins violente. J'étais affligée pour un jeune homme que je ne connaissais que par quelques billets et je me mis à réfléchir à ma propre situation. Je ne dépendais pas d'une machine pour respirer. Mais j'étais dépendante des solutions intraveineuses qui soutenaient la vie de mon corps et du cathéter dans ma vessie, qui en drainait les déchets et les poisons.

Et si l'un d'eux ne travaillait plus ? Et si les pinces de ma tête se détachaient ? Et si... Mon cerveau était dans un terrible désarroi.

Un ou deux jours plus tard, un homme fut amené à l'hôpital avec des blessures semblables aux miennes. On le plaça aussi dans un cadre Stryker, entouré d'une tente à oxygène. Du coin de l'œil, je pus examiner ce cadre. Je ne voyais pas le mien, mais je compris ce qui se passait chaque fois que l'on me retournait — deux heures en haut, deux heures en bas. En regardant le malade, j'eus l'impression que nous étions semblables à de jeunes bœufs que l'on retournait régulièrement sur une immense broche de barbecue.

J'étais terrifiée chaque fois que l'on venait me retourner. Le nouveau patient était tout aussi inquiet que moi.

Un jour, alors que les aides-infirmiers s'apprêtaient à le renverser, il cria :

— Non ! Je vous en prie, ne me retournez pas. Je ne pouvais pas respirer la dernière fois qu'on m'a mis la tête en bas. Ne me retournez pas !

— Mais ça ira bien, monsieur. Nous devons vous retourner ! Ordre du médecin ! Tu es prêt, Mike ? A trois ! Un, deux, trois !

— Non ! S'il vous plaît ! Je ne peux pas respirer ! J'étoufferai, je le sais !

— Vous serez tout à fait bien. Détendez-vous !

Ils fixèrent la tente à oxygène et s'en allèrent.

J'entendais la respiration haletante du malade et priai pour que les deux heures passent vite — pour lui comme pour la paix de mon esprit.

Puis, soudain, la respiration cessa. Une fois de plus, les infirmières et leurs aides cherchèrent, dans une activité fébrile, à enrayer la crise. C'était trop tard ! Encore une fois !

De chaudes larmes coulèrent de mes yeux. La frustration et la peur, mes deux inséparables compagnes durant ces premiers jours d'hospitalisation, m'envahirent de nouveau. Avec un sens croissant d'horreur et de choc, j'appris ainsi que la salle de réanimation était destinée à des mourants. Je sentis que ma propre existence était bien fragile, et non une chose que je pouvais considérer comme acquise.

Peu de temps après, pendant l'une des séances de *retournage,* je m'évanouis et cessai de respirer. Mais, en quelques minutes, on me ramena à la vie et je me sentis rassurée quant à l'efficacité des membres du personnel et leur souci en ce qui me concernait.

— Nous allons prendre bien soin de vous, Joni ! me dit un des médecins pour me réconforter.

Après cela, bien que chaque *retournage* fût encore un moment terrible, les infirmières et leurs aides furent bien plus prudentes qu'auparavant. Ce fut du moins ce que je crus remarquer.

Je commençai à me rendre compte que la salle de réanimation était très froide. Presque tous les patients étaient inconscients la plupart du temps et ne s'en apercevaient pas, mais cela me préoccupa. J'avais peur de tomber malade. L'un des assistants avait laissé entendre, un jour, qu'un refroidissement pourrait être dangereux pour moi, de même qu'un empoisonnement de sang, fréquent dans de tels cas. Il y avait tant de sujets de crainte autour de nous ! Rien ne paraissait positif ou de bon augure !

Chaque jour, les médecins venaient me voir. Quelquefois, ils étaient deux et discutaient de mon cas. Un docteur expliquait à son confrère :

— Elle souffre d'une tétraplégie totale. C'est la conséquence d'une fracture diagonale entre les quatrième et cinquième vertèbres cervicales.

Je savais que j'étais paralysée, mais j'en ignorais la raison et combien de temps je le resterais. Personne ne m'expliquait quoi que ce fût sur mon mal. Les infirmières me disaient :

— Demandez aux médecins !

Ceux-ci me répondaient :

— Mais vous êtes en bonne voie, très bonne voie !

Je soupçonnais le pire, c'est-à-dire que ma nuque était fracturée. Cette seule pensée m'affolait. Un souvenir très vif de mon enfance me revint à la mémoire. Cela avait été l'unique *réel* cas de nuque brisée dont j'avais entendu parler. Un homme, dans le récit *Beauté noire,* était tombé de cheval et s'était, en effet, rompu le cou. Il en était mort.

Ainsi je ne désirais pas entendre parler de mon accident et, mentalement, je commençai à tirer des conclusions des discussions des médecins autour de moi.

Je savais que j'étais dans une chambre de mourants parce que *j'allais mourir,* exactement comme Tom et l'autre malade. Tous deux avaient eu le même accident que moi. *Je vais aussi mourir,* pensais-je, *ils ont seulement peur de m'en parler.*

2

Les jours passaient, marqués par des cauchemars qui revenaient constamment et par la tension que provoquaient mon inconfortable prison de toile et les pinces de métal. J'avais conclu que je ne mourrais probablement pas. Tandis que d'autres, dans la salle des soins intensifs, quittaient ce monde ou étaient transférés dans des salles ordinaires, je restais là. Je n'étais ni mieux ni plus mal.

Pour arracher mon esprit à l'angoisse des cauchemars, dont je m'éveillais terrifiée et inondée de sueur, je me mis à rêver pendant la journée, me rappelant tous les événements de ma vie avant mon accident.

Jusque-là, j'avais eu une existence heureuse avec ma famille et mes amis ; nous n'avions connu aucune tragédie. Aussi loin que remontaient mes souvenirs, ce n'était que du bonheur qui avait enveloppé nos existences et notre foyer.

Mon père en avait probablement été la cause — l'homme dont je portais le prénom, Johnny Eareckson. Né en 1900, papa avait bénéficié du meilleur des dix-neuvième et vingtième siècles. C'était un romantique incurable et un artiste créateur. Mais il était aussi familier avec la technologie moderne. Son père avait un commerce de combustibles et, pendant son enfance, papa soignait les chevaux entre les heures de classe. Il avait appris de bonnes leçons de ce qu'il appelait l'école des coups durs. Tout travail inhabituel et difficile l'attirait, parce qu'il pressentait ce qu'il pouvait lui enseigner. Son caractère, son bonheur intime et son développement spirituel faisaient la richesse de sa personnalité. A son avis, un homme n'avait réussi dans la vie que s'il possédait ces choses et pouvait les transmettre à ses enfants.

Papa avait fait à peu près de tout : il avait été marin, il avait possédé et dirigé son propre rodéo. Son existence avait été remplie de ses violons d'Ingres : les chevaux, la sculpture, la peinture, la fabrication d'objets. Ses travaux manuels couvraient littéralement les parois et les rayons de notre maison. Je lui avais demandé un jour :

— Où trouves-tu le temps, avec toutes tes obligations, de faire encore tant d'autres choses ?

Il m'avait regardée de ses yeux bleu clair étincelants et m'avait répondu :

— Ma chérie, j'ai commencé pendant la crise. Personne n'avait de travail. La plupart des gens se tournaient les pouces en se lamentant. Moi, eh bien, je pouvais me servir de mes mains. Tailler, sculpter, cela ne coûtait rien. Ainsi, j'ai fait des objets avec ce que les autres jetaient à la poubelle. J'ai travaillé de mes doigts pendant toute cette période. Je pense que l'habitude m'en est restée !

C'était aussi pendant ces années de disette que mon père était devenu lutteur olympique. Il avait été champion national et avait gagné cinq fois les honneurs de la lutte au championnat national des Unions chrétiennes de jeunes gens, ainsi qu'un voyage avec l'équipe olympique des Etats-Unis en 1932. A l'époque de ses combats, il avait été blessé, ce qui lui avait laissé une légère claudication.

Comme jeune homme, il prenait une part active au travail de l'église parmi les adolescents. Entre vingt et trente ans, il était connu des jeunes comme le *Capitaine John*. Il emmenait les enfants camper, faire des excursions ou des retraites. Il avait un vieux camion plat et, y entassant les gamins, les sacs de couchage et les provisions, il partait pour un des fameux tours du capitaine John. C'étaient des occasions mémorables qui laissèrent d'indélébiles impressions chez de nombreùx adolescents.

Une jeune fille particulièrement intriguée par le capitaine John fut l'énergique et vive Margaret Lindy Landwehr, qui s'intéressait beaucoup à l'athlétisme et aux sports de plein air. Elle attira ainsi son attention. Lindy tomba très vite amoureuse de lui et lui d'elle. Cependant, il y avait beaucoup de monde à leurs rendez-vous, car le capitaine John amenait avec lui tout le groupe des jeunes !

Comme expression de son amour, mon père travailla nuit et jour à la construction d'une maison pour ma mère en cadeau de mariage. La crise touchait à sa fin, mais l'argent était encore rare ; aussi courait-il le pays avec son camion. D'un vieux bateau à voiles, il récupéra de grandes poutres pour les fondations et les chevrons.

En circulant un jour, il aperçut quelques hommes occupés à démolir un mur. Il leur demanda :

— Qu'allez-vous faire de toutes ces pierres ?

— Pourquoi ?

— Je serais content de m'en servir ! répondit-il.

— D'accord ! grogna le contremaître. Mais qu'elles soient toutes enlevées d'ici vendredi ! Nous avons un travail à faire sur ce terrain !

— Entendu ! s'écria papa.

Il se mit à l'œuvre et accomplit tout seul une remarquable besogne. Quelques-uns des blocs pesaient plus de cinquante kilos. Il réussit à les hisser sur son camion. Après de nombreux voyages, il en eut assez pour sa maison. Deux belles grandes cheminées sont le résultat de tout ce labeur.

La même chose se produisit quand il eut besoin de

bois, de briques et d'autres matériaux de construction. Finalement, la maison de ses rêves fut terminée. Ils y entrèrent, sa jeune épouse et lui, et y ont toujours vécu depuis lors.

Papa avait le même intérêt pratique pour les affaires commerciales et civiques. Il y avait des années qu'il avait fondé son propre commerce de parqueterie.

— Je crois que je suis bien trop indépendant pour travailler pour un patron, disait-il. J'aime trop ma famille pour être lié par l'horaire et les intérêts de quelqu'un d'autre. En étant mon propre maître, si je veux prendre un jour de congé et m'en aller avec les miens au bord de l'océan ou leur faire faire une excursion à cheval, je n'ai pas besoin de demander la permission à qui que ce soit. Je mets une pancarte à la porte, je tourne la clé et je pars !

Et c'était ce que nous faisions ! Que de randonnées et de vacances nous avions vécues ainsi ! Et nous y trouvions tant de plaisir qu'il était difficile de croire que ces loisirs faisaient partie de notre éducation. Notre père nous enseignait la géographie et la géologie pendant les excursions de survie dans le désert ou les montagnes. Il nous apprenait à reconnaître les traces des différents animaux, leurs appels, leurs habitudes, toutes ces choses que nous n'aurions jamais pu connaître en ville.

A peine pouvions-nous nous asseoir qu'il nous faisait monter à cheval. J'étais en selle à l'âge de deux ans. En fait, il se vantait souvent à ce propos.

— Vous souvenez-vous du temps où toute la famille a franchi cent soixante kilomètres à cheval ? On était allé de Laramie à Cheyenne dans le Wyoming ! Tu te rappelles, Joni ? Tu n'avais que quatre ans. La plus jeune à avoir jamais parcouru la piste de Cheyenne !

Quand nous fûmes un peu plus âgées, il nous conduisit, dans une chevauchée inoubliable, jusqu'au désert de Medecine Bow où nous avons toutes acquis un sens profond de l'existence de Dieu et de sa création.

Papa nous enseigna à nous balancer gracieusement sur nos montures et nous donna de merveilleuses leçons d'équitation.

— Laisse-toi aller dans le mouvement du cheval ! nous disait-il. Pas comme les débutants qui bondissent sur leur bête. Il est presque impossible de synchroniser tes sauts avec ses mouvements. Tu dois *rouler* avec lui et non sauter.

Il était d'un caractère égal et aimable. Rien ni personne ne l'irritait jamais. Au cours de notre adolescence, je ne l'ai jamais vu perdre son calme une seule fois. Notre conduite se basait sur la nécessité « de ne pas faire de peine à papa ». Nous nous abstenions de certaines choses à cause de leur effet sur lui, et non pas simplement parce que cela était douteux ou mal.

Quand papa vint à l'hôpital pour les brèves visites autorisées, il essaya de montrer le même esprit jovial et positif que je lui avais toujours connu. Mais, malgré tous ses efforts pour paraître détendu et plein d'espoir, ses yeux bleus, habituellement clairs et vifs, étaient assombris et trahissaient sa nervosité. Ses mains tannées et noueuses tremblaient et révélaient ses vrais sentiments. Il était effrayé et blessé. La fille qu'il aimait, à laquelle il avait donné son nom, était là, impuissante, enfermée dans un sandwich de toile au milieu d'un réseau de tuyaux et de cathéters.

L'hôpital ne convenait pas à cet athlète qui avait passé son existence en plein air. Il avait de la peine à cacher sa douleur et son agitation. Cela me faisait mal de constater l'effet de mon accident sur lui.

— Pourquoi, mon Dieu ? demandais-je. Pourquoi as-tu permis cela ?

Un lien très spécial unissait les membres de notre famille. Maman surtout en était cause. Elle partageait les intérêts de papa. C'était elle qui nous avait appris à jouer au tennis. Nous pratiquions aussi en famille la nage et la marche.

Maman, avec son caractère fort et sa personnalité affectueuse, travaillait aussi dur que papa pour nous offrir un heureux foyer. C'était rare qu'il y eût désaccord entre mes parents. Leur amour mutuel évident se reflétait dans notre vie et nous nous sentions aimées et en sécurité.

Après l'accident, maman resta à l'hôpital les quatre premiers jours, faisant de brefs sommes sur un divan, dans un petit salon. Elle ne s'en alla pas avant d'être certaine que j'étais hors de danger.

Du fait que nous étions une famille si unie, mes sœurs partageaient le souci de mes parents. Kathy, vingt ans, les cheveux noirs, jolie et timide, était celle qui m'avait sortie de l'eau et sauvé la vie.

Jay, vingt-trois ans au moment de mon accident, était la sœur qui m'était la plus chère. Elle était paisible et gracieuse, ses longs cheveux blonds éclaircis par l'exposition constante au soleil et par la nage.

Jay était mariée et mère d'une petite fille du nom de Kay. Malgré ses responsabilités familiales, elle trouvait le temps de venir à l'hôpital me tenir compagnie ; j'attendais ses visites avec impatience. Si mon cadre Stryker était tourné vers le bas, elle s'étendait par terre. Elle ouvrait des magazines que nous lisions ensemble. Et elle essayait d'égayer mon coin de chambre par des plantes et des posters, qui durent bientôt être enlevés *à cause du règlement*.

Linda, ma sœur aînée, était mariée et avait trois petits enfants. Comme elle avait dix ans de plus que moi, je n'étais pas aussi proche d'elle que de Kathy et Jay.

Les souvenirs de notre belle vie de famille m'aidèrent à détourner mon esprit de mes souffrances et de mes cauchemars. Je me remémorais aussi mes bonnes expériences à l'école secondaire et les amis que j'y avais eus.

Le collège de Woodlawn était situé dans une belle partie de la banlieue de Baltimore. Le bâtiment en briques de deux étages se trouvait au milieu d'un domaine où tout était organisé pour jouir du plein air. Les allées étaient bordées d'arbres, et une petite rivière serpentait à travers les parterres verdoyants. Les étudiants de la section des arts se dispersaient souvent dans le parc pittoresque pour faire des croquis ou de la peinture.

Au fond, sur le terrain de sport, se trouvaient des emplacements pour jeux de balles, des pistes de courses, des courts de tennis et de hockey. Le hockey était mon sport favori. En réalité, ma nomination de capitaine de notre équipe féminine, l'année de mes études supérieures, avait été plus importante pour moi que mon admission à la société honorifique.

Comme étudiante de seconde année à Woodlawn, j'étais entrée en contact avec une organisation chrétienne appelée *Jeune vie,* qui s'occupait principalement des adolescents des écoles supérieures. J'avais remarqué que nombre de jeunes gens *bien,* ceux qui avaient du succès et étaient populaires, étaient des chrétiens appartenant à *Jeune vie.* Aussi, quand j'entendis parler d'une fantastique rencontre organisée par *Jeune vie,* voulus-je m'y rendre.

— Maman ! suppliai-je. Il faut me laisser y aller ! S'il te plaît !

J'avais quinze ans et cherchais mon identité et le sens de la vie.

Cette sortie de *Jeune vie* avait lieu à Natural Bridge, en Virginie. Des foules d'élèves des écoles secondaires de la région de Baltimore se dirigèrent vers ce petit village pour un joyeux week-end, dans le désir de considérer ce que la Bible a à dire au sujet de notre relation avec Dieu.

Carl Nelson, l'orateur du camp, démontra que la Bible parle d'abord de la gloire de Dieu et de sa justice.

— Les normes de cette justice ont été exprimées dans les dix commandements, nous dit-il.

Carl ouvrit sa Bible et lut :

— *C'est par la loi que vient la connaissance du péché* (Romains 3. 20). Et maintenant, continua-t-il, il vous est impossible d'essayer d'atteindre le ciel en vous en tenant à une liste morale de *fais ceci* et *ne fais pas ça !* Il n'y a aucun moyen par lequel quiconque parmi nous puisse vivre selon les commandements que Dieu a établis.

La réunion se termina et je me mis à errer dans l'air automnal de la nuit qui tombait. *Moi, une pécheresse ?* Je n'avais jamais réellement compris ce que ce terme voulait dire. Cependant, à ce moment-là, je vis ma rébellion à la lumière de la perfection de Dieu. Je sus que j'étais une pécheresse perdue, pour étrange que cela parût.

Eh bien... apparemment, je ne puis me sauver moi-même. Aussi qui... ?

Et alors, tout ce que Carl nous avait expliqué jusque-là, au cours de ce week-end, commença à prendre un sens. *C'est pourquoi Jésus, le Fils de Dieu, est venu !*

— *Etant Dieu en chair, il a accompli la loi et a vécu une vie parfaite. Et quand il est mort, il a payé le forfait de votre péché.* Je me souvenais de ces paroles de Carl.

Je m'assis par terre, m'appuyai contre un arbre et regardai l'étendue silencieuse remplie d'étoiles, m'attendant un peu à voir surgir quelque chose — je ne savais quoi. Seuls des petits points brillants clignotaient au loin. Pourtant, tandis que je regardais, je fus écrasée par l'amour de Dieu. Je fermai les yeux :

— Oh ! Dieu ! Je vois mon péché, mais je vois aussi ta miséricorde. Merci d'avoir envoyé Jésus, ton Fils, mourir pour moi ! J'ai décidé dans mon cœur de ne plus faire les choses qui t'attristent. Au lieu de faire ce qui me plaît, je veux que Christ soit assis sur le trône de ma vie et me dirige. Merci, Seigneur, de m'avoir sauvée du péché et de me donner la vie éternelle !

Je me levai et partis en courant dans ma chambre, désireuse de raconter à mon amie Jackie comment Dieu m'avait sauvée.

En grandissant, j'avais toujours entendu dire que Dieu m'aimait. Papa et maman étaient chrétiens et membres de l'Eglise épiscopale réformée de l'évêque Cummings, à Catonsville. Mais, au début de mon adolescence, je cherchais mon propre chemin et mon style de vie à moi, et je n'avais pas de temps pour Dieu. J'avais goûté de plusieurs choses pour découvrir ce qui me convenait le mieux dans l'existence. D'abord, j'avais pensé que la popularité et les amis étaient la réponse. J'avais cru la trouver dans l'athlétisme. Mais voilà que mes recherches prenaient fin. Toutes les pièces du puzzle étaient en place et tout cela avait un sens ! *Jésus, le Fils de Dieu, était venu pour me sauver et faire de moi une personnalité complète.*

Une vague de joie m'envahit ce soir-là lorsque je pris la décision d'inviter Jésus-Christ à entrer dans mon cœur et ma vie. Je ne comprenais pas absolument tout, mais j'allais apprendre combien Dieu est patient, aimant, miséricordieux à l'égard de nos erreurs.

Au cours de cette fin de semaine, j'entendis deux choses que je n'avais jamais clairement comprises jusque-là. J'appris que j'étais une pécheresse parce que j'étais incapable, comme quiconque d'ailleurs, de vivre selon la loi de Dieu. C'est pourquoi il avait permis que son Fils, le Seigneur Jésus-Christ, mourût pour *moi*. Ce fut un moment de révélation et d'intense émotion quand je compris que Christ s'était donné pour moi personnellement.

Puis j'entendis parler d'un concept passionnant appelé *la vie abondante*. Notre conseiller nous expliqua que Jésus était venu mourir pour nos péchés, mais qu'il était aussi venu pour nous donner la vie abondante (Jean 10. 10). Dans mon esprit manquant de maturité, j'imaginais que la vie abondante me ferait perdre du poids ou m'apporterait un regain de popularité, de nombreux amis et d'excellentes notes.

Ma notion de vie abondante était complètement erronée, naturellement, et, lorsque j'entrai à l'école supérieure, j'avais dévié. Je m'étais attendue, comme nouvelle chrétienne, à trouver la sécurité et un but dans certaines *choses,* celles sur lesquelles j'avais basé ma vie spirituelle : aller à l'église, chanter dans le chœur, servir comme responsable du club de *Jeune vie.* Je me concentrais sur ces activités, pas sur Dieu. Ma vie tournait autour de valeurs temporelles, de mon propre ego et de mes désirs.

Ce fut à cette époque que je rencontrai Jason Leverton. Jason était un beau garçon, bien musclé, aux larges épaules, aux yeux bruns sérieux et aux épais cheveux clairs. Ses coéquipiers de lutte le surnommaient *l'Eclair blond* à cause de sa rapidité et de son habileté dans les championnats. Nous nous rencontrions régulièrement, Jason et moi, et nous étions toujours ensemble à l'école et dans les activités sociales.

Père aimait particulièrement Jason à cause de son propre intérêt pour la lutte. Il n'y avait rien de surprenant à ce que je joue le second rôle quand Jason nous rendait visite. Fréquemment, les deux hommes s'empoignaient pour démontrer une prise spéciale.

Jason était très amusant. Lui et moi partagions nos secrets et nos plans pour l'avenir. Nous avions l'intention d'aller ensemble à l'université et probablement de nous marier un jour. Un parc voisin était notre lieu de prédilection et c'était là que nous discutions en nous promenant.

Jason était également actif dans le mouvement *Jeune vie ;* aussi échangions-nous souvent des pensées spirituelles et priions ensemble. Parfois, il m'arrivait même de descendre le long du tuyau d'écoulement près de la fenêtre de ma chambre pour le retrouver après le couvre-feu, jusqu'au soir où maman me prit sur le fait. Elle s'assura, dès lors, de mon obéissance aux règles dudit couvre-feu !

Ce fut au moment où Jason et moi commençâmes à être sérieusement romanesques que les vrais conflits surgirent. Nous étions tous deux à l'école supérieure et nous savions qu'il y avait des limites bien définies à l'expression de notre affection. Mais ni l'un ni l'autre ne possédions les ressources intérieures pour lutter contre la tentation.

Nous partions souvent en voiture ou à cheval. Nous nous rendions dans une prairie entourée de bois magnifiques, sous le ciel bleu et les splendides nuages de l'été. La vue, les sons et les parfums de la campagne étaient terriblement romantiques et érotiques. Avant de nous rendre compte de ce qui nous arrivait, nous glissâmes des expressions juvéniles d'amour — se tenir par la main, s'embrasser — à des caresses, des attouchements et une passion que ni l'un ni l'autre ne pouvions retenir. Nous désirions arrêter, mais souvent, quand nous nous trouvions dans un endroit isolé, nous tombions dans les bras l'un de l'autre. Notre manque de contrôle nous préoccupait terriblement.

— Jason, pourquoi ne pouvons-nous pas nous arrêter ? Qu'est-ce qui ne va pas en nous ? lui demandai-je un soir.

— Je n'en sais rien ! Je sais seulement que nous ne devrions pas nous laisser aller... mais...

— Jason, nous devons cesser de nous voir pendant quelque temps. C'est la seule solution. Je ne peux pas arrêter... et toi non plus ! Chaque fois que nous sommes seuls, nous... heu !... nous péchons ! Si nous voulons nous repentir sérieusement de tout cela, alors il faut que nous nous éloignions pour éviter la tentation.

Jason resta silencieux un instant. Puis il tomba d'accord.

— Peut-être bien !

Il suggéra que je sorte avec son ami Dick Filbert, un chrétien sensible et déjà mûr. Je devinai que, dans son idée, si je sortais avec quelqu'un d'autre, ce serait mieux que ce soit avec un de ses amis. De cette manière, nous resterions malgré tout indirectement en contact.

Dick était grand, mince et beau, comme Jason, mais la ressemblance s'arrêtait là. Il était tranquille, timide, quoique plus expressif. Une aura d'insouciance l'enveloppait jusqu'au bas de ses jeans usés et de ses mocassins, sa voix douce reflétait la paix et la sérénité. Les yeux de Dick, bleus et brillants, pouvaient apaiser n'importe quelle tempête de mon âme, et sa présence était un roc fort et inébranlable auquel je pouvais m'accrocher dans les moments de désarroi.

Durant ma dernière année d'études, je partageai mon temps entre Jason et Dick. J'essayais d'éviter tout sentiment romanesque pour l'un comme pour l'autre et de les traiter chacun simplement en ami. Je me détendais en faisant des promenades à cheval, en écoutant des disques et en jouant de la guitare. Je cherchais aussi à en apprendre davantage sur la vie chrétienne par les études que publiait *Jeune vie*. Même mes moments de prière commencèrent à refléter mes objectifs plus sérieux.

Je fus acceptée pour la rentrée à l'université de Western Maryland. Ma vie semblait trouver son assise, se diriger vers un but, et cependant, il n'en était rien.

Je me souviens que, couchée dans mon lit, un matin peu après la remise des diplômes, je pensais à toutes ces choses. Le soleil d'été inondait ma fenêtre. Filtré par le feuillage des arbres, il éclaboussait de points de lumière dansante mon lit et le papier rose de la paroi. Je bâillai et me retournai pour regarder à l'extérieur. Quand papa avait construit la maison de ses rêves, il avait ajouté quelques touches originales, comme la petite fenêtre en forme de hublot près du plancher, à côté de mon lit. Je n'avais qu'à me retourner pour voir dehors.

Il était encore tôt, mais je me levai rapidement et sortis

une paire de jeans et un pullover de mon placard. Tout en m'habillant, j'arrêtai mon regard à la couverture noire qui contenait mon diplôme, sur la commode. Je passai mes doigts sur le grain du cuir, la gravure de mon nom et l'insigne de mon école en anciennes lettres anglaises. Quelques jours auparavant, je m'étais avancée dans l'auditorium, en toque et robe traditionnelles, pour recevoir ce diplôme.

— Déjeuner !

La voix de maman, au rez-de-chaussée, mit un point final à ma rêverie.

— J'arrive, maman ! criai-je.

Dégringolant l'escalier, j'avançai une chaise près de la table.

— Iras-tu au ranch après l'église, Joni ?

— Oui ! Gringalette doit être préparée pour la course de cet été, mais de toute façon, je tiens à passer plus de temps avec elle.

Le ranch était notre ferme familiale, à quelque trente kilomètres à l'ouest de la ville. Il se trouvait sur une crête panoramique dans une pittoresque vallée et était entouré de terres appartenant à un parc national.

Lorsque j'arrivai, le soleil était déjà haut dans le ciel et la senteur de l'herbe fraîchement fauchée montait vers moi. La brise caressait les fleurs sauvages et les herbes des prairies en pentes, et agitait doucement les branches les plus élevées des pommiers voisins au doux parfum. Fredonnant joyeusement, je sellai Gringalette et sautai sur elle.

C'était rafraîchissant de se sentir si loin de la saleté, du bruit et des odeurs nocives de la cité. En été, Baltimore souffre de la pollution industrielle de l'atmosphère et de l'humidité accablante qui monte de la baie de Chesapeake. Ici, dans notre petit paradis personnel, nous étions libres de jouir du soleil et de l'air de l'été.

Je pressai mes cuisses contre les flancs de Gringalette et la touchai de mes talons. La jument alezane s'engagea au pas sur la route poussiéreuse. Au pâturage, je la poussai de nouveau avec mes talons. Gringalette n'avait pas besoin de ce commandement silencieux. Elle savait qu'il y avait là de l'espace pour courir sans avoir à craindre les trous remplis d'eau ou les grosses pierres.

Eparpillées dans le champ se trouvaient plusieurs haies à sauter. Nous arrivâmes au petit galop devant le premier obstacle, une solide barrière de plus d'un mètre. En serrant les genoux contre Gringalette, je sentis les enjambées souples et précises du cheval.

Le cavalier expérimenté sait instinctivement lorsqu'un cheval est prêt à sauter. Gringalette avait de l'expérience, et moi aussi. Nous avions gagné toutes sortes de rubans et de récompenses lors de concours hippiques. Je connaissais le son de ses sabots frappant à la bonne cadence la piste de terre.

Sans heurt, le cheval s'éleva et franchit la barrière. Suspendue un instant, il me sembla voler. A près de trois mètres du sol, sur le dos de Gringalette, j'étais grisée chaque fois qu'elle sautait. Après quelques tours, Gringalette fut couverte de sueur écumante.

Je la fis ralentir à un petit trot et me dirigeai vers l'écurie.

— Joni !

Papa, sur son cheval hongre gris, traversait le champ au galop dans ma direction. En souriant, il arrêta sa monture.

— Je l'ai vue sauter, Joni ! Elle est en excellente forme. Je pense que vous remporterez toutes deux les rubans de la course, la semaine prochaine.

— Eh bien, si nous gagnons, ce sera parce que tu m'as enseigné tout ce que je sais en équitation ! lui rappelai-je.

Lorsque nous eûmes ramené les chevaux à l'écurie et les eûmes dessellés, il était quatre heures et demie.

— Nous ferions bien de rentrer, si nous ne voulons pas être en retard pour dîner ! remarquai-je.

Cette belle journée où j'avais monté Gringalette sous un splendide ciel d'été m'avait laissé un souvenir inoubliable. Mais intérieurement, je savais qu'il s'agissait d'une forme de fuite. Je ne voulais pas faire face aux conséquences de mes résolutions. J'avais demandé :

— Seigneur ! Que dois-je faire ? Je suis heureuse et satisfaite, reconnaissante aussi pour toutes les bonnes choses dont tu me combles... Mais, au fond, je sais que tout ne va pas bien. Je crois être à l'étape où j'ai vraiment besoin que tu agisses dans ma vie.

En réfléchissant à mon évolution spirituelle au cours des deux dernières années, je voyais que je n'avais guère avancé. Jason et moi avions rompu, c'est vrai ; et Dick valait mieux pour moi. Mais j'étais encore esclave. Au lieu des péchés de la chair, j'étais prise au piège des péchés émotifs : la colère, la jalousie, les ressentiments et l'égoïsme. J'étais allée à la dérive pendant mes dernières années d'études. Mes résultats avaient été moins bons et, par contrecoup, je m'étais mise à discuter avec mes parents. Je manquais de motivation pour faire le bien. Il était évident que je n'avais pas fait de grands progrès spirituels pendant ces deux ans, depuis que j'étais devenue chrétienne. Il semblait que, malgré mes efforts, j'étais toujours livrée à mes désirs.

Alors, j'avais insisté :

— Seigneur ! Si tu es vraiment là, fais dans ma vie quelque chose qui me transforme. Tu sais combien j'ai été faible avec Jason. Tu sais combien je suis jalouse et possessive à l'égard de Dick. J'en ai assez de mon hypocrisie ! Je veux que tu travailles en profondeur en moi. Je ne sais pas comment, je ne sais pas même, au point où j'en suis, si tu peux le faire. Mais, je t'en supplie, fais quelque chose dans ma vie pour la changer.

J'avais fait cette prière très peu de temps avant mon accident. Et maintenant, enfermée dans mon cadre Stryker, je me demandais si Dieu n'était pas en train d'exaucer ma requête !

3

— La Bible dit : *Toutes choses concourent ensemble au bien de ceux qui aiment Dieu,* même ton accident, Joni !

Dick s'efforçait de me consoler, mais je ne l'écoutais pas très attentivement.

— Voilà déjà un mois que je suis dans ce stupide hôpital ! me lamentais-je, et je n'ai pas vu grand-chose de bien. Je ne peux pas dormir la nuit à cause des cauchemars et des hallucinations produits par les drogues. Je ne peux pas bouger. Je suis clouée dans ce ridicule cadre Stryker. Qu'est-ce qu'il y a de bien ? Dis-moi, Dickie, qu'est-ce qu'il y a de bien dans tout ça ?

— Je... je ne sais pas, Joni. Mais je crois que nous devrions compter sur la promesse de Dieu. Mettons notre confiance en lui et croyons que cela concourra à ton bien.

Dick avait parlé doucement, patiemment.

— Veux-tu que nous lisions autre chose ?

— Non ! Pardon, je ne voulais pas te contrarier. Je pense que je ne me confie pas réellement dans le Seigneur, n'est-ce pas ?

— Tu es tout excusée !

Dick était étendu par terre sous mon cadre Stryker et me

regardait en face. Une incroyable tristesse et la pitié remplissaient de larmes son regard expressif.

Il cligna des yeux et détourna la tête.

— Bien ! dit-il finalement. Je dois partir maintenant. Je te verrai plus tard. D'accord ?

La fidélité de Dick dans ses visites fut l'une des choses auxquelles je me cramponnai durant ces sombres premières semaines, comme à celle de maman, papa, Jackie, Jay, Jason. D'autres gens venaient aussi. Le personnel de l'hôpital me taquinait au sujet de tous mes *cousins* et la règle des cinq minutes par heure pour les membres de la famille fut bien souvent enfreinte. Quand mes parents arrivaient, je demandais toujours à être retournée si je faisais face au sol. Si je me trouvais dans cette position, ils se couchaient par terre en plaisantant, mais je jugeais profondément humiliant qu'ils eussent à ramper pour me voir.

Je faisais tous mes efforts pour aviver leur espoir et leur foi. Lorsque je songeais à mes problèmes, il était facile de trouver autour de moi d'autres patients dont l'état était pire que le mien. Dans cette pensée, j'essayais d'encourager les miens et mes autres visiteurs. Je commençai même à devenir aimable avec le personnel de l'hôpital.

Non que mon tempérament se fût adouci. C'était plutôt la crainte que les gens ne viennent plus me voir si j'étais amère et me plaignais ; aussi m'exerçais-je à la gaieté.

— Eh bien, vous voilà de bonne humeur, aujourd'hui ! observait Anita, une des infirmières de l'équipe de jour.

— Bien sûr ! Pourquoi pas ? Le temps est splendide !

— Mais... il pleut !

— Pas sur moi ! Je suis comme un coq en pâte ! disais-je en badinant.

— Voulez-vous que je vienne plus tard ?

— Vous reviendrez ? Oui... cela me ferait plaisir, Anita !

Bien qu'elle fût affectée à une autre partie de l'hôpital, Anita me portait un intérêt tout particulier. Elle passait souvent l'heure de son repas avec moi, me lisant des poèmes de Robert Frost ou bavardant gentiment. Comme j'étais depuis si longtemps dans la salle des soins intensifs, bien des infirmières étaient devenues des amies. J'avais pris l'habitude de la routine et des règlements. Et puisqu'elles oubliaient parfois les consignes quand j'avais des visites, je passais par-dessus certains inconvénients de l'établissement.

Anita me tapota l'épaule et me fit un petit signe d'adieu de la main :

— Je vous verrai plus tard, Joni !

J'entendis ses pas légers résonner sur les dalles du corridor.

Après son départ, Jason arriva.

— Bonjour, ma belle ! dit-il avec un grand sourire. Tu as une mine terrible ! Quand vas-tu sortir d'ici ?

— Pas pour le moment, j'imagine. Je suis censée apprendre quelque chose de tout ceci ! lui répondis-je. Dickie dit que Dieu est à l'œuvre dans ma vie.

— Dieu n'a rien à voir dans tout ça ! Tu t'es seulement fracturé la nuque, et c'est tout ! Tu ne dois pas te résigner en disant : c'est la volonté de Dieu ! et laisser les choses aller. Il te faut lutter, Joni. Et te guérir, rétorqua Jason durement.

Il me regarda, ne sachant que dire d'autre. Nos relations avaient été mises en veilleuse quand nous avions décidé de nous accorder une période de réflexion. Et maintenant, il laissait voir, sinon par des mots, du moins par l'expression de son regard et la pression de sa main sur mon épaule, qu'il m'était encore profondément attaché.

— Il nous faut lutter, Joni. Il faut que tu ailles mieux, tu entends ? Sa voix se brisa et il se mit à pleurer. Oublie cette idée que c'est la volonté de Dieu que tu te sois blessée ! Lutte, tu comprends ?

Il jura entre ses dents et ajouta :

— Cela n'a pas de sens ! Comment Dieu — s'il y en a un — pourrait-il permettre une chose pareille ?

— Je sais que ce que tu dis paraît juste, Jason. Mais Dickie dit que Dieu doit avoir une raison pour cela.

— Je ne sais pas ! Il se peut que je sois amer, cynique. Mais je ne crois pas que Dieu s'intéresse encore à nous. Je ne pense pas qu'il soit là !

Cette déclaration de Jason fut le premier pas de son éloignement de la foi en un Dieu d'amour. Il se refusait à voir dans ce qui était arrivé autre chose que le résultat des forces aveugles du hasard.

Je regardai fixement le plafond après son départ. Il y avait un mois déjà de cela et j'étais toujours là. Qu'est-ce que j'ai vraiment ? me demandais-je.

* * *

— Eh bien, jeune fille ! Comment va ma préférée aujourd'hui ?

Je ne pouvais pas encore le voir, mais la voix était celle du docteur Harris. Lorsque sa haute taille et sa tête rousse entrèrent dans le champ de ma vision, je souris et le saluai. Le docteur Harris s'était trouvé dans le service de traumatologie le soir de mon accident. Il s'était intéressé tout particulièrement à moi et suivait mon cas. J'étais charmée par son accent écossais et le nom de Lassie qu'il me donnait toujours.

Il prit mon dossier et l'examina.

— Hum ! Vous avez bonne mine, Lassie. Vous vous sentez mieux ?

— Je... je ne sais pas. Qu'est-ce que j'ai, docteur Harris ? Les infirmières ne veulent rien me dire et le docteur Sherrill me fait des discours dans un jargon médical, auquel je ne comprends rien ! S'il vous plaît, ne voulez-vous pas me dire quand je pourrai rentrer à la maison ? Combien de temps devrai-je encore rester ici ?

— Eh bien, honnêtement, je n'en sais rien. C'est-à-dire que je n'ai pas réellement la responsabilité de votre cas, comme le docteur Sherrill. Je suis tout simplement...

Je l'interrompis :

— Docteur Harris, vous mentez ! Vous savez ce qu'il en est. Dites-le moi !

Il replaça ses papiers dans sa serviette et parut un instant très sérieux, puis il se concentra pour exprimer son meilleur encouragement :

— Ecoutez, Lassie. Je vais parler au docteur Sherrill. Je lui demanderai de tout vous expliquer en bon anglais ! Qu'en pensez-vous ?

Je souris.

— C'est déjà mieux ! Je trouve que j'ai le droit de savoir, n'est-ce pas ?

Le docteur Harris fit un signe affirmatif et plissa la bouche comme pour dire quelque chose. Puis, se ravisant, il sourit simplement.

Plus tard dans la journée, Dick surgit brusquement dans la salle. Il portait une veste, ce qui était inhabituel en août.

— J'ai escaladé les neuf étages en courant ! dit-il à bout de souffle.

— Pourquoi ? lui demandai-je en riant. Pourquoi n'as-tu pas pris l'ascenseur ?

— Voilà pourquoi ! dit-il en ouvrant sa veste.

Il en sortit un chiot très vif. Il se mit à grimper sur Dick, étendu sous mon cadre Stryker, lui léchant le visage en aboyant doucement, ouah, ouah, ouah, ce qui, pensions-nous, allait alerter tout l'hôpital.

— Chut ! Tranquille ! Tu veux qu'on nous mette à la porte ? implora Dick.

Il éleva le chiot près de mon visage. Je sentis la chaleur de son duvet et l'humidité de sa langue sur ma joue.

— Oh ! Dickie ! Il est magnifique ! Je suis contente que tu l'aies amené.

— J'avais cru entendre quelque chose ! s'exclama une infirmière avec un sérieux plein de malice. Comment avez-vous pu passer devant la Gestapo, à l'entrée ?

— Je suis venu par les escaliers du fond. Vous n'allez pas nous renvoyer, n'est-ce pas ?

— Qui ? Moi ? Elle se baissa, caressa le chiot et le reposa à terre. Je n'ai rien vu, dit-elle simplement en retournant à ses obligations.

Dick et moi jouâmes près d'une heure avec le petit chien avant d'être de nouveau découverts. Dick le prit dans ses bras en disant :

— Je vais encore emprunter l'escalier, sans cela on finira par me sauter dessus chaque fois que je viendrai ici !

Nous nous mîmes à rire et Dick partit avec le chien bien caché sous sa veste.

* * *

Le lendemain, on m'emmena au laboratoire pour un examen des os et une myélographie. Le premier fut rapide et facile, il consistait à radiographier mon épine dorsale. La myélographie ne fut pas aussi simple, ni sans douleur. Elle consistait en une ponction de la moelle épinière pour la remplacer par un liquide de contraste, en se servant de deux aiguilles hypodermiques géantes. Le liquide céphalo-rachidien fut retiré et remplacé par le liquide de contraste. Quand le transfert fut achevé, on me retourna sens dessus dessous et dans différentes positions sous le fluoroscope, tandis que les médecins faisaient leurs tests. Le liquide de contraste fut ensuite évacué par la réinjection du liquide céphalo-rachidien.

Un des effets secondaires de ce traitement est un fort mal de tête, au cas où une partie du liquide s'est perdue ou si les extrémités des nerfs (qui ont besoin de ce liquide comme lubrifiant) ont subi quelque dessèchement. Il n'y a aucun remède pour cela ; aussi me laissa-t-on tranquille plusieurs jours.

Lorsque le docteur Sherrill, le responsable de mon cas, arriva plus tard, je l'interrogeai :

— Docteur Sherrill, qu'est-ce que j'ai ?

Sa réponse fut calme, sans aucune inflexion de la voix. Aussi n'eus-je aucun moyen de mesurer le sérieux de sa réponse.

— Ne vous en souvenez-vous pas, Joni ? Vous avez une lésion de la moelle épinière au niveau des quatrième et cinquième vertèbres cervicales, lésion causée par une fracture accompagnée de dislocation.

— Je me suis donc brisé la nuque ?

— Oui !

— Mais cela veut dire que je vais mourir...

— Non ! Pas nécessairement ! me répondit le docteur Sherrill. Cela veut dire qu'il s'agit d'un accident très sérieux. Le fait que vous avez survécu pendant quatre semaines indique que vous avez très probablement déjà dépassé la crise.

— Vous voulez dire que vous pensiez que j'allais mourir ? Avant ?

— Vous étiez gravement blessée. Beaucoup de gens ne survivent pas à des accidents de cette nature.

Je pensais à Tom et à l'autre malade qui étaient morts alors qu'ils étaient traités comme moi. J'admis :

— Je pense que j'ai eu de la chance !

— Beaucoup de chance, en vérité ! Et vous êtes forte : vous avez une volonté de fer ! Maintenant que la crise est passée, je veux que vous concentriez toute votre force de volonté sur l'amélioration de votre état. Vous comprenez, quand vous serez assez bien, j'ai l'intention de vous faire de la chirurgie de fusion.

— Qu'est-ce que cela ? En anglais clair et simple, s'il vous plaît, docteur Sherrill.

— Eh bien, il s'agit d'un procédé de réparation. Votre colonne vertébrale est sectionnée. Nous devons souder les os ensemble.

— Les souder ?

Mon esprit s'accrocha à cette simple déclaration et travailla à toute vitesse. Cela voulait dire que je retrouverais l'usage de mes bras et de mes jambes ! C'est ce que signifiait Romains 8. 28 : *Nous savons, du reste, que toutes choses concourent au bien de ceux qui aiment Dieu !* Dickie avait raison : toutes choses travaillent ensemble pour notre bien. Bientôt je serais sur pied !

— Quand désirez-vous faire cette opération ? demandai-je.

— Aussi vite que possible !

— Formidable ! Faisons-la !

* * *

Je ne savais pas tout ce qu'impliquait cette opération. Je croyais que, en remettant les os ensemble, on guérissait la colonne vertébrale et que tout serait comme avant. Plus de paralysie ! Mais je n'avais pas très bien écouté.

Après l'opération, je fus enchantée de quitter la salle des soins intensifs et d'être amenée dans une salle normale. *C'est un signe que je vais mieux !* pensai-je. *Si ce n'était pas le cas, ils m'auraient gardée dans la salle de soins intensifs.*

Papa et maman, souriants et heureux de me voir de retour de la salle d'opération, m'attendaient dans la chambre et le docteur Sherrill y entra à son tour.

— Tout est bien allé ! dit-il, anticipant notre question. L'opération a été un succès complet.

Il y eut un soupir général de satisfaction.

— Maintenant, j'aimerais que vous portiez tous vos efforts sur les prochaines étapes de la guérison. Beaucoup de progrès doivent encore être accomplis. Il y aura des jours difficiles à passer, Joni. Je désire que vous le sachiez et que vous vous armiez de courage. La partie la plus dure de la bataille est son aspect psychologique. Vous êtes bien maintenant. Vous avez été fâchée, frustrée, effrayée, mais vous n'avez pas été réellement déprimée. Attendez que vos amis retournent à l'université. Attendez que la nouveauté passe. Attendez qu'ils trouvent d'autres intérêts et cessent leurs visites. Etes-vous prête à envisager tout cela, Joni ? Sinon, il faut vous y préparer. Parce que cela viendra. Croyez-moi, cela viendra !

— Je sais que cela prendra du temps, mais j'irai mieux ! répondis-je gaiement. Ces choses prennent du temps, vous l'avez dit vous-même, docteur !

— Oui ! dit papa. De combien de temps parlez-vous, docteur Sherrill ?

Maman ajouta aussi sa propre préoccupation :

— Vous parlez des amis de Joni qui entreront à l'université cet automne. Cela donne l'impression que ce ne sera pas le cas pour Joni. Nous avons déposé l'argent pour sa scolarité à l'université de Western Maryland. Devons-nous renvoyer son entrée jusqu'au prochain semestre ?

— Heu !... Au moins !

— Vraiment ?

— Madame Eareckson, il vaudrait mieux leur demander de vous rendre cette avance. Je crains que l'université n'entre plus en ligne de compte pour Joni.

— Vous... vous voulez dire que vous ne savez pas quand Joni pourra de nouveau marcher ?

— Marcher ? Je crois que vous ne m'avez pas compris, madame Eareckson. Le mal de Joni est permanent. La chirurgie de fusion ne change rien à cela.

Le mot *permanent* frappa ma conscience comme un boulet de canon.

Je vis que c'était aussi la première fois que mon père et ma mère étaient confrontés avec l'idée d'une lésion définitive. Ou bien nous avions tous été trop naïfs, ou bien le corps médical avait été trop vague dans ses explications. Peut-être les deux à la fois !

Le silence régna quelques instants dans la chambre. Aucun de nous n'osait réagir, de crainte de troubler ou d'affliger les autres.

Le docteur Sherrill essaya cependant d'être encourageant:

— Joni ne marchera jamais plus, mais nous espérons qu'elle retrouvera un jour l'usage de ses mains. De nombreuses personnes mènent une vie utile et constructive sans pouvoir marcher. Elles peuvent conduire une voiture, travailler, faire le ménage ; ce n'est pas une condition désespérée, vous savez ! Nous avons confiance qu'elle pourra se servir de ses mains avec le temps.

Maman avait détourné le visage, mais je savais qu'elle pleurait.

— Ne vous faites pas de souci, maman, papa. Il y a souvent eu des gens avec des nuques fracturées qui se sont guéris et ont recommencé à marcher. J'ai entendu de nombreuses histoires de succès dans ce domaine depuis que je suis ici. Je remarcherai ! Je le sais ! Je crois que Dieu veut que je remarche un jour. Il me viendra en aide. Vraiment ! Je sortirai d'ici en marchant.

Le docteur Sherrill ne dit rien de plus. Il posa sa main sur l'épaule de maman et serra celle de papa, puis il partit. Pendant un long moment, aucun de nous ne prononça un mot. Ensuite nous nous mîmes à parler de choses insignifiantes. Finalement, mes parents s'en allèrent.

Couchée dans la lumière indécise de ma chambre, j'aurais dû être heureuse. L'opération avait réussi, j'allais mieux, et maintenant j'avais une chambre à moi. Mais je n'étais pas heureuse. Le chagrin, des pensées négatives m'envahirent comme une épaisse couverture étouffante. Pour la première fois depuis mon accident, je désirai mourir et priai dans ce sens.

Une heure plus tard, une infirmière, Alice, vida mon cathéter et remit de l'ordre dans ma chambre, puis elle s'approcha de la fenêtre pour tirer les rideaux.

— Il semble que vous allez avoir des visites, me dit-elle.

— Ah ?

— Je vois vos parents assis ensemble dans la cour. Ils vont sûrement arriver dans une minute.

— Non ! Ils sont déjà venus ! répliquai-je.

Je sentis des larmes brûlantes et salées jaillir de mes yeux et rouler le long de mes joues. Mon nez était bouché. Je ne pouvais même pas pleurer parce que j'étais dans l'impossibilité de me moucher. Malgré tout, je me mis à sangloter.

— Hé ! Qu'est-ce qui ne va pas, Joni ?

Alice m'essuya le visage avec un mouchoir de papier. Elle en sortit un autre de la boîte.

— Allons ! Soufflez ! Cela va mieux maintenant ?

Je souris.

— Excusez ! C'est en pensant à papa et maman là en bas. Le docteur Sherrill vient de nous dire que mon mal est incurable, que je ne marcherai jamais plus. Et je sais qu'ils parlent de cela. Et qu'ils pleurent ! Et moi, ici en haut, je pleure aussi. C'est trop dur à accepter !

Alice passa doucement le dos de sa main sur mon visage. Sa sympathie et son geste me firent du bien. C'était rassurant de sentir quelque chose.

— Je sortirai d'ici sur mes jambes, Alice. Dieu viendra à mon aide ! Vous verrez !

Alice fit un signe affirmatif et sourit.

* * *

Au cours des semaines qui suivirent l'opération, je ne me fortifiai pas comme je me l'étais promis. Toujours nourrie par piqûres intraveineuses, je maigris. La pensée d'aliments solides me donnait la nausée et il m'était impossible de toucher à ce qui se trouvait sur mon plateau. Je ne pouvais que boire du jus de pamplemousse. Les infirmières m'en apportaient des verres à siroter.

Un jour, un inconnu en uniforme de l'hôpital pénétra dans ma chambre.

— Je suis Willie, le chef ! expliqua-t-il. Je suis venu vous demander pourquoi vous n'aimez pas la nourriture que je prépare ! ajouta-t-il.

— Oh ! Ce n'est pas cela ! Je me sens mal rien qu'en pensant à la nourriture en général ! m'excusai-je.

— Qu'aimiez-vous le mieux ? Avant votre accident, j'entends.

— Avant ? Eh bien, mes plats favoris étaient le steak, les pommes de terre au four...

— Les légumes ?

— Oh ! Je ne sais pas ! Le maïs, je crois.

— Les salades ?

— Oui, j'aimais les salades !

— Bien ! Nous allons voir ce que nous pouvons faire pour vous !

Puis il se retira.

Ce soir-là, l'aide soignante m'apporta un plateau comme d'habitude. Lorsqu'elle souleva le couvercle, je vis un grand beefsteak, une immense pomme de terre avec du beurre et de la crème aigre, du maïs et une magnifique salade. Mais quand elle eut déposé le plateau devant moi, la seule odeur des mets me donna mal au cœur.

— S'il vous plaît ! Enlevez ce plateau ! Je ne peux absolument rien manger.

Elle secoua la tête et prit le plateau, me laissant frustrée et triste.

Je n'ai jamais su si la nausée était caractéristique d'un médicament ou un effet secondaire. Je m'étais habituée aux hallucinations et je crois que certains de mes rêves et de mes cauchemars étaient provoqués par les drogues.

Depuis quelque temps, je sentais la présence d'êtres horribles, debout autour de mon lit et attendant de m'emporter, et ce rêve en plein jour, ce cauchemar ou cette hallucination me déprimait encore davantage. En réalité, je ne voyais personne, mais je les devinais terribles et cruels, attendant que je meure, ou peut-être tout simplement que je m'endorme. Je luttais contre le sommeil dans la crainte d'être enlevée.

J'étais heureuse quand j'avais des visites car, jusqu'à un certain point, elles me gardaient en contact avec la réalité et me donnaient quelque chose à espérer. Mais je ne sus jamais réellement combien cela leur était difficile de venir jour après jour.

Lorsque des amis arrivaient pour la première fois, ils étaient gênés et ne savaient guère comment se comporter dans une chambre d'hôpital. Quand ils se sentaient plus à l'aise, ils posaient tous les mêmes questions :

— Qu'est-ce que vous ressentez ?

— Avez-vous mal ?

— Comment allez-vous aux toilettes ?

Beaucoup de visiteurs étaient particulièrement impressionnés par les pinces qui serraient mon crâne. Il semblait parfois qu'ils eussent plus de difficulté que moi-même à accepter la situation.

Un jour, deux amies de l'école supérieure vinrent me rendre visite. Elles ne m'avaient pas vue depuis mon accident et j'étais aussi peu préparée qu'elles à leur réaction. Elles entrèrent dans la pièce et regardèrent lentement autour d'elles, le cadre Stryker et tout l'attirail habituel d'une chambre d'hôpital. Puis, hésitantes, elles s'arrêtèrent près de moi. Je les observais du coin de l'œil alors qu'elles s'approchaient.

— Bonjour, dis-je en souriant. Je regrette de ne pas pouvoir tourner la tête pour vous voir, mais si vous voulez...

— Oh ! Joni ! dit l'une d'elles d'une voix étouffée.

— Oh ! Mon Dieu ! murmura l'autre.

Il y eut un silence embarrassé, puis elles coururent vers la porte. J'entendis, dans le corridor, une des filles vomir alors que son amie se mettait à sangloter bruyamment. Une vague d'horreur me submergea. Personne, jusqu'ici, n'avait agi d'une façon aussi bizarre. Etaient-elles particulièrement sensibles à l'atmosphère d'un hôpital, ou bien y avait-il autre chose ?

D'abord, je ne voulus rien savoir. Puis, quelques jours plus tard, quand Jackie vint me voir, je la regardai dans les yeux et lui dis :

— Jackie, apporte-moi un miroir !

Elle était occupée à lire quelques cartes et à dépouiller du courrier, mais elle leva brusquement la tête :

— Pourquoi ? demanda-t-elle.

— Je désire avoir un miroir.

— Ah ! Bon ! Je t'en apporterai un la prochaine fois.

— Non ! J'en veux un maintenant ! Demande à l'infirmière qu'elle t'en prête un.

— Pourquoi ne veux-tu pas attendre ? Je t'apporterai ton joli nécessaire de toilette de la maison.

— Jackie ! m'emportai-je. Apporte-moi un miroir, tout de suite !

Elle se dirigea lentement vers la porte et fut bientôt de retour, un miroir à la main. Ses doigts tremblaient et ses yeux clignotaient nerveusement tandis qu'elle le tenait devant moi.

Je poussai un cri et Jackie sursauta, lâchant presque la glace.

— C'est horrible ! Oh ! Dieu ! comment peux-tu me faire cela ? priai-je tout en pleurs. Que m'as-tu fait ?

Mon visage paraissait à peine humain. En examinant mon image, je vis deux yeux sombres, enfoncés dans leurs orbites, injectés de sang et vitreux. Mon poids était tombé de soixante-trois kilos à quarante ; je ressemblais donc à peu de chose près à un squelette couvert de peau jaunâtre. Ma tête rasée accentuait le grotesque de mon aspect cadavérique. En parlant, je remarquai mes dents noircies par l'effet des médicaments. Moi aussi, j'avais envie de vomir !

Jackie retira le miroir et se mit à pleurer avec moi.

— Je regrette, Joni ! sanglota-t-elle. Je ne voulais pas que tu te voies !

— Je t'en prie, ôte ça. Plus jamais je ne me regarderai dans une glace. Jackie, je n'en peux plus ! Je suis en train de mourir, Jackie ! Regarde-moi. Je suis déjà presque morte ! Pourquoi me laisse-t-on souffrir ainsi ?

— Je... je ne sais pas, Joni !

— Jackie, il faut m'aider. On me maintient en vie, ce n'est pas juste ! De toute manière, je vais mourir. Pourquoi ne peut-on pas me laisser mourir, après tout ? Jackie, s'il te plaît, viens à mon aide ! suppliai-je.

— Mais comment, Joni ?

— Je ne sais pas ! Donne-moi quelque chose... tu sais... une très forte dose de comprimés !

— Tu me demandes de te tuer ? interrogea Jackie, les yeux écarquillés.

— Oui ! C'est-à-dire non ! Tu ne me tueras pas. Tu m'aideras seulement à mourir plus vite. Tu vois, je suis déjà mourante. Et je souffre ! Ne peux-tu pas m'aider à mettre un terme à mes souffrances ? Si je pouvais bouger, je le ferais moi-même.

J'étais fâchée et déprimée.

— Je t'en prie, ouvre-moi les veines du poignet, il est insensible ! Je ne souffrirai pas. Je mourrai paisiblement. Jackie ! Je t'en prie ! Fais quelque chose !

Elle se remit à sangloter :

— Je ne peux pas, Joni ; je ne peux vraiment pas.

Je l'implorai :

— Jackie, si tu as la moindre affection pour moi, tu

dois venir à mon secours ! De toute manière, je suis en train de mourir... ne le vois-tu pas ? Regarde-moi ! Regarde-moi un instant !

— Joni ! Tu ne sais pas ce que tu demandes ! Ça m'est impossible ! Peut-être serais-tu soulagée, je n'en sais rien ! Je ne sais plus où j'en suis ! Je voudrais t'aider. Je t'aime plus que n'importe qui d'autre et cela me tue de te voir souffrir ainsi ! Mais... mais je ne peux faire ce que tu me demandes !

Je n'ajoutai rien alors.

A plusieurs reprises, dans des périodes de dépression, je conjurai encore Jackie de m'aider à me suicider. J'étais furieuse de ne pouvoir le faire moi-même.

Je cherchais le moyen d'arriver à mes fins. Avaler des pilules eût été plus facile, mais les infirmières le découvriraient et me feraient un lavage d'estomac. Je pouvais demander à Jackie de me trancher les veines du poignet. Puisque je n'éprouvais aucune sensation à cet endroit, je ne souffrirais pas. Je le cacherais sous le drap et — non, cela ne jouerait pas non plus. Tout ce qu'il me restait à espérer, c'était que quelque accident d'hôpital m'enlevât la vie.

Jackie s'occupa davantage de mon apparence après ces accès de dépression. Elle essaya de me rendre plus jolie pour les gens et de m'intéresser à des choses qui détournent mon esprit de mon état.

— Tu iras bientôt mieux, Joni ! me promettait-elle. Souviens-toi, le Seigneur a dit qu'il ne permettra pas que nous souffrions au-delà de ce que nous pouvons humainement supporter.

— Ah oui ? grognais-je.

Les médicaments et la paralysie provoquaient chez moi une sensibilité accrue à la lumière et aux sons. Je demandai à Jackie et aux infirmières de garder les stores et les rideaux tirés et de fermer la porte pour empêcher la clarté et les bruits de me parvenir. Le docteur Harris déclara que c'était la preuve d'un commencement de guérison de mes nerfs. Mais les conversations dans les chambres adjacentes, les rumeurs habituelles de l'hôpital m'incommodaient terriblement et m'étaient même insupportables.

Un certain jour très chaud de l'été, Jackie agitait un éventail au-dessus de moi et le lâcha par mégarde. Le bruit de sa chute sur le sol dallé résonna dans ma tête comme une douloureuse explosion.

— Jackie ! criai-je, et je me mis à jurer.

Les vilaines paroles qui sortirent de ma bouche étaient étranges et obscènes, comme surgies de quelque sombre repli de mon esprit. Puis le sentiment de ma culpabilité m'envahit.

— Pardon, Jackie ! C'est tellement facile de s'effondrer !

Je pleurais doucement.

— Je sais que Dieu doit avoir un but dans tout ceci. Veux-tu appeler Dickie avant de partir ? J'ai besoin de lui. Dis-lui de venir ce soir !

Jackie fit un signe d'assentiment et se prépara au départ.

— Jackie ! Attends ! Je dois te dire quelque chose avant que tu t'en ailles.

Elle se tenait debout près de moi.

— Jackie, tu es pour moi une amie si proche que je me crois tout permis avec toi. Je t'apostrophe tout le temps, d'autant plus que je n'ai personne d'autre que j'ose traiter de la sorte ! J'ai envie d'être en rage contre Dieu, contre papa et maman, contre Dickie. Tu comprends ? Parfois, cela me tombe dessus subitement, et il faut que je lâche la vapeur ! Mais tu es la seule que je puisse invectiver impunément. Papa et maman souffrent déjà tellement, je dois faire un effort pour être agréable quand ils sont là. Ce ne serait pas juste de ma part d'être critique, exigeante et mesquine à leur égard. Et je ne peux risquer de perdre Dick en déballant mes griefs devant lui. J'ai besoin de lui.

Je ne veux pas le perdre, peut-être pour toujours, en le blessant maintenant. Alors, Jackie, je regrette ! Tu as été mon bouc émissaire, la victime de toutes mes méchantes sautes d'humeur.

Jackie sourit chaleureusement et haussa les épaules :

— Ne t'en fais pas, Joni ! Je sais que ce n'était pas voulu. Et, après tout — elle sourit — à quoi servent les amis ?

Elle s'approcha, lissa mon vêtement d'hôpital et me donna un baiser sur le front.

— Je téléphonerai à Dick !

Il arriva un peu plus tard.

Calmement, j'écoutai les paroles réconfortantes qu'il me lisait dans une version paraphrasée du Nouveau Testament. De nombreux versets prenaient une vie nouvelle par les expressions modernes employées par le traducteur.

— Ecoute ça, Joni ! s'écria Dick tout excité : *Lorsque toutes sortes d'épreuves et de tentations s'accumulent dans vos vies, mes frères, ne les prenez pas en mauvaise part, comme des intruses, mais accueillez-les comme des amies ! Comprenez qu'elles viennent pour éprouver votre foi et produire en vous la qualité de l'endurance* (Jacques 1. 2-4).

— Que supposes-tu que cela signifie, Dickie ?

— Je pense que c'est très clair. Dieu a permis ton accident dans un but particulier et non pas pour ruiner ta vie, mais pour mettre à l'épreuve ta foi et ton endurance spirituelle.

— Ah ! bah ! Est-ce que j'ai jamais abandonné le Seigneur ?

— Ecoute la suite, Joni. *Et si quelqu'un parmi vous ne sait pas comment résoudre un problème quelconque, il n'a qu'à le demander à Dieu, qui donne généreusement à tous les êtres sans qu'ils se sentent stupides ou coupables.*

— Je ne peux pas résoudre mon problème. Demandons

donc à Dieu de me guérir, exactement comme c'est écrit.

Dick posa le livre et commença à prier :

— Père, nous te remercions pour tes soins et ton aide. Nous te remercions pour ta Parole, la Bible, et les promesses qu'elle contient pour nous. Elle dit que, si quelqu'un ne sait pas comment résoudre un problème particulier, il n'a qu'à t'en parler. Seigneur, nous te demandons d'écouter nos requêtes, au nom de Jésus-Christ ! Amen.

Je priai ensuite.

— Seigneur Jésus, je regrette de ne pas avoir cherché davantage ton secours. Je n'ai jamais pensé jusqu'ici que mon accident était un test pour ma foi. Mais je le vois maintenant. Seigneur, exactement comme ta Parole le dit, je crois que mon accident est survenu pour éprouver ma foi et mon endurance. Mais je sens aussi que tu veux réellement me guérir. Merci, Seigneur, pour cette leçon ! Avec ton aide, je veux te faire confiance. Merci de ce que même cet accident peut concourir à mon bien. Je te prie que d'autres autour de moi puissent te voir, toi, à travers moi ! C'est en ton nom que je le demande. Amen !

Après cela, je commençai à discerner plus d'aspects positifs à ma situation, je partageai avec les infirmières, les médecins et les visiteurs la pensée que Dieu avait permis cet accident simplement afin d'éprouver ma foi et mon endurance.

— Maintenant, ayant appris cette leçon, je peux me confier en lui pour qu'il me remette sur pied. Vous verrez !

Je pris cette attitude à l'égard de tout.

Le médecin dit à papa :

— Il faut que je vous dise que votre assurance ne couvrira même pas les premières dépenses de l'accident de Joni. Avant qu'elle ne sorte, la note de l'hôpital s'élèvera à trente mille dollars au moins.

Je dis simplement :

— Ne vous inquiétez pas ! Dieu pourvoira à nos besoins !

Le docteur Sherrill m'expliqua :

— Joni, la paralysie est généralement beaucoup plus dure pour une personne sportive que pour les gens ordinaires. Je veux que vous sachiez que, lorsque la dépression se fera sentir, vous aurez à lui livrer un dur combat.

— Dieu me viendra en aide ! répondis-je avec volubilité.

Une infirmière me dit un jour :

— J'ai lu les détails de votre accident. Vous savez, si la fracture s'était produite deux centimètres plus bas, vous auriez conservé l'usage de vos bras ! C'est triste, n'est-ce pas ?

Et je répondis :

— Oui ! Mais si la fracture s'était produite deux centimètres plus haut, je serais morte ! Dieu sait mieux que nous ce qu'il nous faut.

Le lendemain de la Journée du Travail, Dick passa m'apporter un cadeau. Ma chambre était remplie d'animaux en peluche, de posters, de cartes postales et d'autres souvenirs. L'un d'entre eux était un ours en peluche vert et blanc que j'avais plongé dans une lotion de toilette et à qui j'avais donné le nom de Dick. Le parfum familier me rappelait Dick et me rassurait en son absence.

Cette fois, Dick me fit cadeau d'une grosse Bible, aux caractères assez grands pour que je puisse la lire quand elle se trouvait par terre, au-dessous de mon cadre Stryker. Je pouvais même la lire seule si quelqu'un tournait les pages.

Sur la page de garde, il avait écrit :

« A ma très chère Joni, avec l'espoir que Christ aura toujours sa place dans notre amitié et qu'il nous donnera la patience de nous attendre !

» Avec tout mon amour,

        9 septembre 1967   Dick   Romains 8. 28. »

Peu après la Journée du Travail, Dick, Jackie et tous mes amis retournèrent à l'université. Dick faisait de l'auto-stop aussi souvent que possible pour venir me voir. Je ne savais pas à quel point cela lui était difficile, ni comme ses études souffraient du souci qu'il se faisait pour moi. Je considérais tout simplement comme normal qu'il soit là. Dans mon petit monde égoïste, je ne m'inquiétais guère de savoir comment il se débrouillait. J'avais seulement besoin de l'avoir à mes côtés. Après tout, il m'était nécessaire ! Sans m'en apercevoir, je commençai à me servir de mon accident pour qu'il continue à s'intéresser à moi. J'eus même recours, un soir, au chantage.

— Bonjour, Joni !

Dick sourit en se penchant pour m'embrasser.

— Où es-tu allé ? Il est presque huit heures.

— Je regrette ! Je ne pouvais pas partir plus vite. Comment s'est passée la journée ?

— Tu as dit que tu serais ici à six heures, et il est huit heures maintenant. Tu ne pourras rester qu'une demi-heure. Quelle sorte de visite me fais-tu ?

Je bouillonnais.

— Joni, je t'ai dit que je regrettais de venir si tard ! Je n'ai pas pu partir plus tôt.

Dick se mettait sur la défensive et je ne voulais pas le fâcher.

— Dick, ma journée est absolument misérable si je ne te vois pas. La nuit passée, j'ai rêvé que tu m'avais laissée pour une autre fille.

— Je ne ferais jamais cela !

— Oh ! Promets-moi, Dickie ! Dis-moi que tu m'aimes et que tu ne me laisseras jamais !

— Tu sais combien je tiens à toi, chérie !

— Dis-le moi ! Dis-le moi !

— Je t'aime ! dit simplement Dick.

Je sentis que cette déclaration lui coûtait. Non qu'il ne m'aimât profondément ; je le savais. C'était plutôt le fait que moi, je la lui demandais. Il aurait voulu me la faire à sa manière et au moment choisi par lui. Mais il sourit et ajouta, comme pour la rendre spontanée :

— Il y a longtemps que je t'aime, Joni. Si tu avais attendu cinq minutes, je te l'aurais encore dit, sans y être poussé.

— Mais j'avais besoin de te l'entendre dire maintenant, Dick !

— Très bien ! Je t'aime ! Je t'aime ! Je t'aime !

Chaque fois qu'il prononça ces mots, il se pencha pour m'embrasser.

— Oh ! Dickie ! Je t'aime aussi ! Est-ce que ce ne sera pas formidable quand je pourrai sortir d'ici ?

— Je prie que ce soit bientôt ! Il faut dire que cet auto-stop bouleverse mes habitudes d'étude.

— Cela sera peut-être encore long.

— Ah ? As-tu appris quelque chose aujourd'hui ?

— Il faudra plusieurs mois de rééducation. Peut-être une année !

— Oh ! Vraiment ?

— Dickie, j'ai peur ! Je peux l'accepter si tu es avec moi. Il te faut m'aider ! Mais je ne peux rien faire sans toi. Si tu me quittes, je mourrai. Je le sais... Je suis incapable de vivre sans toi ! Promets-moi que tu ne m'abandonneras pas.

— Naturellement !

— Si tu m'aimes vraiment, promets-moi d'être toujours avec moi.

— Bien sûr ! dit-il en baissant les yeux.

— Je retrouverai d'abord l'usage de mes mains. Ensuite je marcherai. Et alors, nous irons ensemble à l'université, je te le promets.

— Bien ! murmura Dick.

— Comment est l'ambiance ? Est-ce vraiment agréable ?

— Oh ! c'est très bien ! En réalité, c'est beaucoup plus dur que l'école supérieure. Beaucoup plus !

— C'est peut-être parce que tu en fais trop. Comment cela va-t-il avec l'équipe ? lui demandai-je.

— L'équipe ? Oh ! ça va bien, je crois. Le premier match aura lieu vendredi.

— Etes-vous tous prêts ? demandai-je avec excitation.

— Je ne joue pas ! répondit simplement Dick.

— Tu ne joues pas ? Pourquoi ?

— J'ai perdu ma bourse de football.

— Mais pourquoi ?

— Ecoute, cela n'a aucune importance !

— Oh ! Dickie, je regrette !

C'est parce qu'il doit venir trop souvent me voir, il n'a pas le temps d'étudier ! me dis-je.

— Bah ! J'aurai le temps plus tard. Veux-tu que je lise quelque chose dans la Bible ?

— Pas ce soir, Dickie. Je suis fatiguée. Et tu dois t'en aller dans un instant. Serre-moi dans tes bras et embrasse-moi avant de partir.

Il se pencha vers moi et tint mon menton dans sa main. Il m'embrassa tendrement, lentement.

— Je t'aime ! murmura-t-il. Je t'attendrai toujours, tu le sais bien ! Souviens-toi de cela. Je serai toujours là !

Quand il partit, je pleurai amèrement. Je me sentais mesquine et égoïste. J'avais mis le grappin sur Dick. Lui avais-je laissé le choix ? Avait-il pu exprimer ses vrais sentiments ? Par exemple :

— Joni, nous sommes bien trop jeunes pour savoir si nous devons nous marier. Nous ne connaissons pas la volonté de Dieu pour notre avenir. Tu sais que tu peux toujours compter sur moi. Je te suis profondément attaché.

Je suis sûre que c'était ce qu'il aurait dit. Mais ce n'était pas assez fort pour mes émotions survoltées. Et Dick était trop sensible pour heurter mes sentiments, surtout après mon accident. C'est pourquoi il m'avait dit ce que je désirais entendre.

Et voilà, il y avait une faille dans nos relations. J'avais forcé ses sentiments et ses engagements avant qu'ils ne soient mûrs. Je me mis à me méfier de mes propres mobiles.

— Je vais réparer cela ! promis-je au Seigneur dans ma prière, ce soir-là. Je vais faire tous mes efforts pour être digne de l'amour de Dick. Je ferai tout ce qui est humainement possible afin de marcher. Alors, il n'aura pas à m'aimer à cause de l'accident, mais parce qu'il le veut de son libre choix. Les choses iront mieux. Voilà ce que je veux, Seigneur. S'il te plaît... s'il te plaît !...

* * *

Quand la thérapeute de l'hôpital arriva, le lendemain, je me souvins des instructions de Jason :

— Il faut que tu luttes !

La physiothérapie était le premier pas vers une vraie réadaptation. Je décidai d'y apporter tout ce que j'avais de volonté. La physiothérapeute attacha mes bras en écharpe et se mit à me donner des explications.

— Votre fracture se trouve au niveau des quatrième et cinquième vertèbres cervicales, comme vous le savez. A la première vertèbre sont attachés les nerfs des organes vitaux, le cœur et les poumons. Les personnes qui se fracturent cette vertèbre ne survivent que rarement. Les deuxième et troisième vertèbres contrôlent les muscles de la nuque et les mouvements de la tête. Quand il s'agit des quatrième et cinquième vertèbres, il s'ensuit généralement une tétraplégie, comme dans votre cas. La sixième contrôle le pectoral et les muscles des bras. Vous, vous êtes sensible aux épaules, dans le haut des bras et à la poitrine, juste au-dessus des seins. Cela signifie que vous pourrez sans doute éduquer d'autres muscles — ceux du dos et des épaules — pour compenser la perte de ceux des bras.

— Est-ce là ce que les médecins veulent dire quand ils

mentionnent la possibilité de retrouver l'usage de mes mains ? demandai-je.

— En partie, oui. Votre dossier indique que vous avez l'usage à cinquante pour cent de vos biceps, les muscles supérieurs du bras qui mettent celui-ci en mouvement dans sa totalité d'action. Il faut commencer la physiothérapie avant de savoir exactement quel résultat on pourra obtenir. Nous éduquerons d'autres muscles à faire des mouvements à la place de ceux qui ne travaillent plus.

— Très bien ! Allons-y ! dis-je.

— D'abord, tâchez de soulever votre bras en utilisant les muscles du dos, de la nuque et des épaules. Il ne s'agit que de le bouger pour commencer.

J'essayai. Rien ne se produisit. Je fermai les yeux pour me concentrer plus intensément. Je sentais les muscles se tendre et vibrer, mais ils semblaient indépendants de ma volonté. Je n'arrivais pas à les mettre en mouvement.

— Continuez ! Vous y arriverez ! m'encourageait la thérapeute.

Je serrai les dents et recommençai. Rien !

— Allons, Joni ! Encore une fois ! insistait-elle.

— Ne croyez-vous pas que je fasse un effort ? dis-je brusquement en lâchant un gros mot...

— Il s'agit d'éduquer de nouveaux muscles à faire le travail des anciens. N'essayez pas de lever votre bras par le même mouvement qu'avant. Pensez à la manière dont sont attachés les muscles du bras aux ligaments et aux os, ici !

Elle me montrait des diagrammes dans un livre et traçait les lignes sur mon bras.

— Efforcez-vous d'obtenir un mouvement de ces muscles. Tordez le dos et, du même coup, bougez le bras.

Je fis une nouvelle tentative alors qu'elle m'indiquait l'endroit. Pendant plus de dix minutes, j'exerçai mon pouvoir de volonté et ma force. Finalement, mon bras s'éleva de deux à trois centimètres et retomba, inerte.

— Magnifique ! Très bien ! Encore une fois ! me dit-elle. Mettez toute votre énergie et votre concentration dans l'action de lever le bras et de le garder en haut.

Me servant de toute la force que je pus rassembler, je fis un nouvel essai. Après plusieurs intenses et déchirants efforts, mon bras s'éleva encore une fois à deux ou trois centimètres au-dessus de la table, en luttant contre les attaches qui le soutenaient.

— Encore ! ordonna-t-elle.

— Je ne peux pas ! Cela me fait mal. C'est trop épuisant. Il faut que je me repose d'abord ! suppliai-je.

Une demi-heure s'était écoulée, et tout ce que j'avais réussi à faire était de soulever deux fois mon bras de deux ou trois centimètres.

— Très bien, Joni ! Vous voyez que ce sera une dure besogne. Nous avons beaucoup à faire avant que vous puissiez réellement entreprendre votre rééducation. Mais bientôt vous serez assez bien pour partir pour les Chênes verts ! dit-elle en souriant.

— Les Chênes verts ?

— Oui ! Le centre de rééducation physique ! expliqua-t-elle. Le docteur Sherrill vous dira tout là-dessus. C'est la prochaine étape. Il s'agit d'un hôpital spécialisé dans les lésions des muscles moteurs.

— Un centre de rééducation ? Ah ! oui. Je m'en souviens, maintenant ! C'est là que je vais réapprendre à marcher !

La thérapeute sourit, détacha les courroies et se leva.

— Bonne chance, Joni ! Je travaillerai de nouveau avec vous demain. Préparons-nous pour les Chênes verts.

4

Pendant près d'un mois, je me préparai mentalement en vue de mon séjour aux Chênes verts. C'était là que j'allais réapprendre à marcher et recommencer ma vie. Quand arriva la nouvelle qu'il y avait une place pour moi, chacun se montra très excité. Les infirmières et les médecins vinrent tous m'apporter leurs vœux pour cette étape vers ma rééducation.

— Eh bien, Lassie, vous allez vous conduire convenablement ! Pas de folles parties de plaisir, pas de bêtises ! taquina le docteur Harris, ou alors nous vous ramènerons ici.

— Oh ! non ! Vous ne ferez pas ça ! m'exclamai-je. Jamais vous ne me ramènerez ici ! Vous avez assez de malades pour vous occuper. Enfin, je pourrais revenir un de ces jours, repris-je, mais sur mes deux pieds, et je vous emmènerai dîner au restaurant McDonald !

— Je note le rendez-vous, Lassie !

Le docteur Harris se mit à rire. Il me serra l'épaule, me lança un clin d'œil et partit.

Deux infirmières, Anita, ma favorite, et Alice, aidèrent à enlever les cartes postales et les posters et à emballer dans plusieurs caisses les objets que j'avais accumulés durant mon séjour de trois mois et demi.

Finalement, des employés arrivèrent pour me transporter à l'ambulance qui attendait dans la cour afin de m'emmener aux Chênes verts. Alors qu'ils faisaient franchir au chariot les doubles portes du rez-de-chaussée, un léger souffle d'air chargé d'extraordinaires et douces senteurs chatouilla mes narines. Un brillant soleil m'accueillit dehors.

— Oh ! Attendez une minute, s'il vous plaît ! demandai-je aux deux infirmiers. Est-ce que vous sentez cet air ? dis-je avec excitation.

— Pollué ! dit l'un des hommes en reniflant.

— Oh ! C'est merveilleux !

J'aspirai profondément ce qui me parut un riche et pénétrant parfum.

— Hé ! Vous allez vous enivrer d'oxygène ! plaisanta un des hommes.

Ils poussèrent mon brancard dans l'ambulance, fermèrent les portes, et nous partîmes pour les Chênes verts.

Je ne pouvais m'empêcher de comparer ce voyage en ambulance avec le précédent. Les arbres étaient alors verdoyants et les fleurs luxuriantes et splendides. Il faisait chaud et humide, les gens étaient vêtus d'habits estivaux.

Aujourd'hui, l'air était frisquet et vif. Les magasins étaient décorés pour la Toussaint et les ventes d'automne. Avec les arbres dorés, rouges et orangés, le paysage reflétait l'immense variété des nuances d'octobre. Toute une saison avait passé tandis que j'étais à l'hôpital. C'était un étrange sentiment, mais il ne dura pas au point de me troubler. La nouveauté et la beauté du voyage étaient bien trop saisissantes pour que je me lamente sur un été perdu. Je laissai le chaud soleil baigner mon visage à travers la fenêtre et le chauffeur baissa sa vitre pour que l'air frais me caresse. C'était tellement délicieux que je pleurai presque de joie !

En approchant des Chênes verts, mon excitation augmentait. Les Chênes verts ! Le nom lui-même avait une plaisante résonance. Je me représentais une grande maison coloniale avec de hauts piliers blancs, dominant de belles pelouses ombragées par d'immenses chênes verts.

Cependant, en pénétrant dans l'avenue, je vis que cette image ne correspondait guère à la réalité. Le bâtiment de briques bas et long ressemblait plutôt à une manufacture ou à un complexe commercial.

— Eh bien, nous y voici ! dit le chauffeur.

— Ah ! répondis-je.

— Quelque chose ne va pas ?

— Hum... non ! Ça va, dis-je d'un ton penaud. Mais un endroit qu'on imagine d'avance ne répond jamais à notre attente. Vous savez bien !

Il fit un signe affirmatif, puis poursuivit :

— Ne vous faites pas de souci ! Ils font du bon travail ici. Je pense que cela vous plaira ! Il s'y trouve plusieurs jeunes filles de votre âge ! Vous vous entendrez bien avec elles !

— J'espère ! répondis-je avec appréhension.

Alors qu'il poussait mon véhicule le long du corridor vers la salle qui m'était assignée, je regardai autour de moi et à travers les portes ouvertes des différents dortoirs. Tout était tranquille, comme dans un hôpital. Personne n'était *guéri*, personne ne *marchait*. Je vis des gens affaissés dans des fauteuils roulants, d'autres enfermés dans des cadres Stryker ou étendus sur des lits. Les salles paraissaient sombres et déprimantes, avec de longues rangées de patients assis dans des chaises d'invalides. Et ce vieil établissement avait grand besoin d'être refait à neuf. Lorsque j'arrivai dans ma chambre, j'étais découragée.

Mes parents m'attendaient. Ils avaient fait les démarches d'admission et s'étaient occupés des détails financiers. Ils essayèrent de me réconforter, mais, dès que je fus installée, ils s'excusèrent et sortirent. Ils avaient eu la même réaction à l'hôpital, quand on leur avait annoncé l'impossibilité de ma guérison. Je savais qu'ils étaient au bord de l'effondrement et je ne désirais pas être témoin de leurs larmes et de leur déception. Ils s'en allèrent en promettant de revenir aussi vite que possible.

Après leur départ, j'observai la petite salle que je partageais avec quatre filles. Je décidai de me présenter :

— Je m'appelle Joni Eareckson ! commençai-je.

— Joni Eareckson ! J'entendis mon nom répété avec mépris et suivi d'une cascade d'obscénités. C'est ce que j'entendais toujours à l'hôpital : Joni ceci, Joni cela ! J'en aurais vomi !

Abasourdie par cette voix amère, je me ressaisis assez pour sourire et dire :

— Ah ! J'ignorais que j'avais ici un club d'admiratrices !

La glace était rompue. Les autres éclatèrent de rire.

— Il faut excuser Ann, expliqua l'une d'elles. Elle est aussi nouvelle ici. Elle est entrée à l'hôpital de la ville après toi et je devine qu'elle n'a pas été la malade modèle que tu as été ! Ils ont dû faire des tas de comparaisons entre elle et toi. Je suis Betty, Betty Jackson. La fille dans ce lit, là-bas, c'est Denise Walters.

— Bonjour ! Pardonne-moi de ne pas me lever, dit Denise.

— Oui ! Je connais ça, ripostai-je. Et j'ajoutai : Heureuse de faire ta connaissance, Denise !

— Et celle-ci, c'est encore une Betty... dit Betty Jackson en désignant la jeune fille d'un mouvement imperceptible de son bras inutilisable. C'est Betty Glover. Pour nous distinguer, on m'appelle B.J.

Betty Glover était une jolie petite noire paraissant beaucoup plus jeune que les autres.

— Bonjour, Betty ! dis-je en souriant.

Elle leva les yeux et fit un petit signe.

— Je suis ici pour une nuque fracturée, comme toi ! dit-elle.

B.J. expliqua :

— Betty a un caillot de sang dans la colonne. Ils sont en train de chercher la cause de sa paralysie. Et Denise est ici parce qu'elle a la S.P.

— La S.P. ? demandai-je, dans mon ignorance.

— Sclérose en plaques...

Je regrettai d'avoir posé la question. Je me souvins d'avoir entendu parler de sclérose en plaques à l'hôpital. *C'est une maladie incurable, Denise mourra probablement avant d'avoir atteint ses vingt ans !* pensai-je en frissonnant intérieurement, me demandant comment il lui était possible de garder une attitude aussi gracieuse et ouverte.

— Et dans le coin, dit B.J. en faisant le pitre, c'est Ann Wilson, dont tu as déjà entendu le langage... fleuri !

— Va au diable !... lança Ann.

Elle ôta une cigarette de ses lèvres et la jeta à Denise, mais elle atterrit sur le sol dallé.

— Eh bien... maintenant tu as fait notre connaissance... Es-tu prête pour la vie en commun ? me demanda B.J.

— Je... je crois que oui ! répondis-je en bégayant. A l'exception d'Ann et de cette fumée ! ajoutai-je in petto.

Ann avait allumé une autre cigarette. A l'hôpital, j'avais découragé les gens de fumer dans ma chambre. Aux Chênes verts, beaucoup de malades le faisaient. Pour moi, fumer était quelque chose de laid, de puant, qu'on devait faire chez soi seulement. Je haïssais la fumée suffocante et son odeur âcre. Mais maintenant, je n'avais droit qu'à un cinquième de la salle ! Il n'y avait rien d'autre à faire qu'à m'habituer et à tirer le meilleur parti de la situation.

J'essayai du seul truc que je connusse et dis à Ann :

— Tu sais que cela provoque le cancer des poumons ? Ça te tuera !

Elle me regarda droit dans les yeux et répondit calmement :

— Pourquoi crois-tu que je le fasse ?

Ann n'était pas du tout aussi difficile et contrariante que
me l'avaient laissé croire mes premières impressions. Je
retrouvais en elle beaucoup de mes propres réactions
d'amertume. Quelques semaines auparavant, n'avais-je pas
connu le même désespoir ? Je désirais me supprimer, moi
aussi. Ann était plus affolée que méchante. Elle se mettait
en colère pour se soulager parce qu'elle ne savait comment
faire autrement. Je décidai d'essayer de la connaître mieux.

Les jours qui suivirent, j'eus l'occasion de voir les Chênes
verts de plus près. Des patients de tous âges, de tous ni-
veaux économiques, professionnels et raciaux se trouvaient
réunis dans les quatre ailes de l'institution. Il s'agissait
d'amputés, de paraplégiques, de tétraplégiques, de victimes
de la polio ; il y en avait qui souffraient de dystrophie mus-
culaire, de sclérose en plaques et d'autres maladies affec-
tant les systèmes moteur et nerveux.

— Comment se fait-il qu'il y ait tant d'entrées, et surtout des jeunes de notre âge ? demandai-je à B.J.

— Des nuques fracturées ! La plupart de ces accidents
se produisent en été, à la suite de plongeons. Les malades
passent généralement deux mois dans un hôpital et viennent ensuite ici pour la rééducation ! m'expliqua B.J.

En réalité, elle abrégea le mot et parla de rééduc... Je
pris mentalement note de ce terme et j'écoutai si d'autres
expressions argotiques étaient utilisées par les filles pour
m'en servir à mon tour et être à la page.

— Combien y a-t-il de nouveaux cas de nuques fracturées ? demandai-je.

— Peut-être dix ou quinze !

— Depuis quand es-tu ici, B.J. ?

— Depuis deux ans ! répondit-elle.

Deux ans ! Je frémis à l'ouïe de cette déclaration. Deux

ans ! *Et elle est encore paralysée et au lit, comme moi !*
Le fait que je pourrais rester là aussi longtemps me déprima vraiment. Je restai silencieuse un bon moment.

Cette nuit-là, étendue dans mon cadre Stryker et cherchant le sommeil, je fus envahie par la rancœur qui m'avait rendue si désespérée à l'hôpital. Je voulus prier et ne le pus. J'essayai de penser à quelques promesses de la Parole de Dieu pour m'encourager. Rien ne paraissait vraiment rassurant.

Apparemment, les autres filles s'étaient adaptées. Elles bavardaient tranquillement en attendant l'extinction des lumières. A l'exception d'Ann. Elle se plaignait à haute voix, ponctuant ses objections de grossières exclamations. Je décidai que, même si je devais rester toute ma vie dans une institution, je tâcherais d'être aimable, du moins en surface, et de ne pas être comme Ann. Elle n'avait point d'amis à l'extérieur. Et dans l'établissement, on la traitait de la même manière qu'elle traitait les autres. Personne ne s'efforçait de la comprendre et de gagner son amitié.

Moi, j'ai besoin de mes amis ; sans eux, je perdrais la tête, me disais-je en me promettant de ne jamais me départir de mon calme devant mes parents, Jackie et mes autres visiteurs. Quelle que fût mon amertume, j'étais décidée à ne pas la montrer.

— C'est une bonne idée ! me dit B.J. quand je lui fis part de mes pensées, le lendemain. Ici, tout le monde est pareil. Aussi ne trouveras-tu pas beaucoup de sympathie. En fait, tu ferais mieux de ne pas trop te lier d'amitié !

— Pourquoi ? demandai-je.

— C'est une tour d'ivoire ! Chacun est semblable à l'autre. Ainsi, c'est plus confortable. On va en visite à la maison quand c'est possible, mais on ne peut pas attendre le moment de revenir. C'est plus facile de vivre ici avec des gens comme nous ! Pas de problème avec les bretelles, les chaises roulantes et le reste ! Les gens de la rue s'imaginent que, si nos jambes sont paralysées, notre cerveau doit l'être aussi. On nous traite en quantité négligeable. Alors on rentre aux Chênes verts en se plaignant et en faisant des comparaisons avec d'autres malades, mais au fond, on est tout content de rester, car on s'y sent à la maison. Tu feras de même si tu n'as des amis qu'ici. Mais si c'est plus facile d'être dans une tour d'ivoire, cela ne signifie pas que ce soit mieux. Au contraire. Etant ici depuis deux ans, je te conseille de garder tes amis du dehors.

Jay paraissait comprendre mes besoins émotifs. Non seulement elle venait souvent elle-même, mais elle poussait mes anciennes camarades d'études à me rendre visite. Je me souviens, en particulier, de l'apparition de Jay et de plusieurs amis costumés, la veille de la Toussaint. Dans l'établissement, il n'y avait pas d'autorisations exceptionnelles quant aux heures de visites. Différent sur ce point des infirmiers de l'hôpital, le personnel des Chênes verts appliquait l'horaire avec rigueur. A huit heures sonnantes, Jay et mes amis furent priés de s'en aller.

Mes jours se succédaient avec une morne routine, illuminés seulement par l'arrivée des visites. Je gardais le lit à cause de mes escarres. Une infirmière me nourrissait le matin, vidait le sac de mon cathéter, puis contrôlait le miroir au-dessus de ma tête pour s'assurer qu'il me permettait de bien voir la télévision.

Vers midi, on me donnait mon repas et on vidait encore le sac du cathéter. De nouveau la TV l'après-midi. Le matin, c'était les programmes sportifs. L'après-midi, l'opéra bouffe. Le soir, encore un repas et le vidage du cathéter, suivis d'une séance de télévision jusqu'à l'extinction des lumières. Chaque nouvelle journée était la prolongation monotone et ennuyeuse de la veille : manger, regarder la télévision, dormir — un cycle ininterrompu à donner la nausée.

Je dus apprendre à manger et boire rapidement. Le personnel était toujours occupé, trop occupé pour s'attarder avec ceux qui traînaient en prenant leurs repas. Il était aussi trop affairé pour faire plus que pourvoir à nos besoins physiques immédiats. Si le nez me démangeait, je devais attendre que Jay ou une infirmière se trouvât dans les parages. Mes cheveux repoussaient, ils étaient emmêlés, ternes, sales et pleins de pellicules, parce que personne n'avait le temps de me les laver.

Un jour, en arrivant, Jay dit :

— Qu'est-ce que cette horrible odeur ?

— Quelle odeur ? demandai-je.

— Ah ! Ce sont tes cheveux ! Quand les a-t-on lavés la dernière fois ?

— Il y a plus d'un mois, à l'hôpital de la ville.

— Quelle horreur ! Ça pue ! C'est affreux ! Il faut que je fasse quelque chose ! s'exclama-t-elle.

Jay alla chercher une cuvette et du savon, et me fit un shampoing improvisé.

— Oh ! Ça fait du bien ! soupirai-je.

— A moi, maintenant ! s'écria Denise. Lavez-moi la tête, je vous en prie, Jay !

— Et la mienne ! firent écho B.J. et Betty ensemble.

Ainsi, un lavage régulier de nos cinq têtes, suivi d'un brossage, devint la tâche de Jay chaque semaine, jusqu'à ce que les *règlements* missent fin à ses efforts.

Maintenant que mes cheveux repoussaient et étaient même occasionnellement peignés, je commençais à reprendre un peu d'intérêt à mon apparence. Les effets secondaires des médicaments s'étaient atténués et je ne paraissais plus aussi grotesque qu'auparavant. Cependant, j'étais encore très maigre et mes os transperçant ma peau me causaient de vilaines escarres.

Diana White, une amie d'études et de *Jeune vie*, se mit à me rendre visite régulièrement. C'était une chrétienne sensible et engagée, une personnalité positive et généreuse. Elle paraissait toujours heureuse et pleine de courage. D'ailleurs, elle était aussi pratique qu'optimiste. En fait, elle était tout que naïve et insouciante. Elle possédait un esprit inné de serviabilité et ceux qu'elle rencontrait l'aimaient instantanément.

Le visage rond de Diana, ses cheveux foncés, ses yeux qui scintillaient quand elle parlait, les coins de sa bouche qui se relevaient dans un sourire éveillaient en moi le désir d'être plus gaie et meilleure.

J'appréciais de plus en plus ses visites, car Jackie, qui avait maintenant des tracas intérieurs, ne venait plus me voir aussi fréquemment qu'autrefois. L'encouragement que m'apportait Diana et les lectures qu'elle me faisait de la Parole de Dieu remplissaient aussi le vide créé par l'espacement des visites de Dick dû à ses études. Jason commençait à disparaître de mon existence. J'appris par hasard qu'il fréquentait une jeune fille rencontrée au collège et qu'il paraissait lui être sérieusement attaché.

Je fus reconnaissante quand la P.T. — la physiothérapie — commença à faire partie de la routine, parce que cela ajoutait un peu de variété dans mes journées.

Au début, la physiothérapeute, Barbara Marshall, vint dans ma chambre pour exercer mes membres paralysés. Au bout de quelques semaines, je fus emmenée au centre de thérapie pour deux heures de traitement chaque jour. Ma première impression de cette grande salle fut celle d'une chambre de torture. Il s'y trouvait des machines et des appareils bizarres destinés à étirer ou plier bras, jambes et corps inutilisables. Pour étrange que me parût cette salle, j'y voyais certains aspects positifs : j'allais apprendre à marcher comme ceux qui se mouvaient autour de moi, au moyen de béquilles et d'appuis.

Joe Leroy, un aide-thérapeute musclé, d'une patience infinie, m'amena dans la salle afin de me montrer ce qui se passerait quand la thérapeute ferait faire à mes membres toute une série de mouvements pour empêcher qu'ils ne s'atrophient.

— Regardez ! me dit-il pour m'encourager. Tout ce ballet à plat de dos a vraiment un but précis !

Joe m'expliqua ensuite l'utilité des exercices de torsion, de flexion et d'extension de mes jambes et de mes bras en arc, en cercle et à des angles différents.

— Cela doit maintenir l'élasticité de vos muscles.

— Mais je ne sens absolument rien. Qu'est-ce que cela peut bien faire s'ils restent raides ? remarquai-je.

— Cela crée des problèmes de circulation sanguine, qui ne se fait plus normalement. Et aussi les muscles fondent, le corps devient raide, les membres se ratatinent et on se recroqueville complètement, dit Joe en me montrant d'autres patients dont on étirait, poussait, soulevait les membres.

Les physiothérapeutes travaillaient avec moi vingt minutes chaque jour, ramenant l'élasticité dans mes muscles, même s'ils ne devaient plus jamais fonctionner. Puis ils me faisaient travailler dans le dessein de me sortir de mon cadre Stryker pour m'installer dans un lit ordinaire.

Vinrent ensuite des exercices douloureux visant à me permettre de m'asseoir. On m'attacha à une planche mobile, et on l'inclina pour élever ma tête et abaisser mes jambes. Alors qu'on me faisait quitter lentement la position horizontale, je sentis le sang refluer de ma tête et des vagues de nausées m'assaillirent.

— Attendez ! N'allez pas plus haut ! Je n'y tiens plus ! criai-je.

Seulement quelques secondes pendant lesquelles ma tête se trouvait surélevée m'étaient insupportables, après avoir été couchée presque six mois.

— Oh ! Joe ! sanglotai-je. J'ai cru que j'allais m'évanouir ! Pourrai-je vraiment m'asseoir un jour ?

— Bien sûr, Joni ! Mais cela prend du temps ! Nous ne vous avons élevée que de quarante-cinq degrés. Nous essaierons encore, et un peu plus longtemps. Quand vous supporterez plusieurs minutes, nous augmenterons l'inclinaison de la planche. D'ici novembre, pour le Jour d'Actions de Grâce, vous serez assise sur une chaise ! dit joyeusement Joe.

Earl, un autre infirmier, fit un signe affirmatif et expliqua :

— Vous comprenez, votre corps s'est tellement habitué à être couché que votre circulation sanguine s'est adaptée à cette position.

Earl ponctuait ses explications de grands gestes.

— Quand nous soulevons votre tête, le sang s'en retire et il vous semble que vous allez vous évanouir. Mais si nous le faisons lentement, votre cœur se *souviendra* et recommencera sa besogne. Votre circulation se rétablira et le sang sera de nouveau pompé à votre cerveau.

Ainsi, nous travaillâmes de plus en plus longtemps chaque jour, jusqu'à ce que je puisse me tenir droite contre la planche sans m'évanouir ni souffrir de nausées.

Nous fîmes l'inventaire de mes capacités musculaires et sensorielles. Les médecins et les thérapeutes affirmèrent que j'étais en pleine possession de toute la sensibilité de la tête, de la nuque et des épaules jusqu'aux clavicules. Je sentais aussi de légers picotements au haut des bras et à la poitrine, comme si ces parties de mon corps étaient simplement endormies.

Diana vint me voir après que j'eus fait des progrès en physiothérapie et se montra toute réjouie. Son optimisme était contagieux. Chaque fois qu'elle me rendait visite, elle m'apportait de nouveaux encouragements par la Bible.

— Ecoute ceci ! s'exclamait-elle. C'est dans Jean 16. 23-24 : *En vérité, en vérité, je vous le dis, ce que vous demanderez au Père, il vous le donnera en mon nom. Jusqu'à présent, vous n'avez rien demandé en mon nom. Demandez, et vous recevrez, afin que votre joie soit parfaite !* Est-ce que ce n'est pas merveilleux ?

— En effet ! Peut-être que Dieu est en train de faire quelque chose de spécial. As-tu entendu parler de notre église ? lui demandai-je.

— Ton église ? Non ! Qu'est-ce qui s'y passe ?

— Elle a organisé une nuit de prière pour moi. Ils vont prier pour ma guérison ! expliquai-je.

— Oh ! Alors, voilà qui est bien ! *Demandez et vous recevrez,* répéta Diana.

Je fus encouragée aussi parce que la physiothérapie semblait provoquer des picotements dans mes doigts. Bien qu'ils fussent encore engourdis et paralysés, je percevais une vague sensation. J'étais sûre que Dieu commençait à me guérir.

La nuit du service de prière à l'église, des amis de l'école supérieure, des professeurs, des parents d'amis et des amis d'amis remplirent l'église épiscopale réformée de l'évêque Cummings. Et je m'endormis, ce soir-là, m'attendant à être complètement remise à mon réveil, le lendemain matin.

Cela ne se passa pas ainsi, bien sûr ! Aussi pensai-je que le Seigneur mettait ma foi à l'épreuve et que le complet rétablissement se ferait lentement et non d'une façon soudaine et surnaturelle.

Quand Diana, mes parents et mes amis de *Jeune vie* vinrent me rendre visite, je leur donnai l'impression que tout allait bien et leur cachai ma déception et mon impatience.

— Le Seigneur va me guérir ! promettais-je. Continuons à prier et à croire !

— Oh ! Joni ! murmurait quelqu'un. Tu es vraiment courageuse ! Comme je voudrais avoir ta foi !

Je souriais doucement et priais intérieurement que Dieu se dépêche de m'exaucer.

5

En décembre, j'étais encore faible, émaciée et couverte d'escarres, mais la physiothérapie commençait à porter ses fruits et je restais assise assez longtemps pour pouvoir aller passer un jour à la maison. Je choisis le jour de Noël et me sentis tout heureuse en faisant des plans pour cette journée.

La nuit qui suivit la permission, j'étais bien trop excitée pour dormir. Couchée dans l'obscurité de ma chambre, j'essayais de me rappeler tous les détails de mon dernier Noël avant l'accident : la marche dans la neige avec Dick, la veillée de Noël à la cathédrale, les anges de neige que nous avions façonnés, le chocolat bouillant dégusté au coin du feu, les chants de Noël que j'accompagnais avec ma guitare. Que serait la fête cette année ?

Enfin, Noël arriva ! Jay aida l'infirmière à m'habiller. Je portais le joli ensemble foncé que j'avais acheté lors de vacances en famille dans l'Ouest, quelques semaines avant mon accident ; il pendait de mes épaules comme un sac. Jay m'avait aussi apporté une ravissante perruque blonde, car mes cheveux n'étaient pas encore assez longs pour en faire une coiffure arrangée.

Papa s'avança près de la porte d'entrée et attendit que

Joe et Earl me portent dans la voiture. Ils montrèrent à ma famille la manière d'installer une tétraplégique dans une auto.

— Je n'avais jamais pensé, dis-je, que voyager en voiture puisse être dangereux. A moins, ajoutai-je, d'avoir un accident.

— Vous pouvez être blessée sans avoir d'accident, m'avertit Joe. Vous savez, un *tétra* ne doit pas être assis seul. Si la voiture fait une embardée, s'arrête brusquement, ou simplement fait un virage, vous serez projetée en avant ou de côté. Vous vous heurterez la tête à la portière, ou vous écraserez le visage contre le tableau de bord ou le pare-brise, si vous êtes assise à l'avant.

Il expliqua encore comment il fallait m'attacher avec la ceinture de sécurité et recommanda qu'on prenne soin de me tenir fermement dans les tournants ainsi qu'aux départs et aux arrêts.

Rien ne se produisit pendant le trajet, qui me parut tout plein de petits plaisirs intéressants.

— C'est l'hiver ! pensais-je. Deux saisons tout entières ont passé sans que je sois revenue à la maison.

— Eh bien, nous voici presque arrivés ! observa Jay, alors que la voiture tournait à l'intersection familière.

Je regardai la rue, l'école supérieure, la maison de mon professeur de piano, la pharmacie ; tout était comme j'en avais gardé le souvenir. Une légère nostalgie s'empara de moi.

En quelques minutes, nous avions grimpé l'avenue raide menant à l'entrée de notre propriété et nous arrivâmes devant la maison. Père et Jay me sortirent avec précaution de la voiture et me portèrent à l'intérieur.

Mes sentiments de nostalgie étaient bien réels, en cet instant. La maison était décorée pour les jours de fête et un grand sapin odoriférant avait été dressé à la salle à manger, où l'on m'installa.

Maman avait réussi à obtenir un lit d'hôpital. Je pensai à mon ancienne chambre, exactement au-dessus de celle où je me trouvais, qui conservait tant de mes pensées secrètes, de mes prières et de mes espoirs. Naturellement, ma famille ne pouvait me porter là-haut par l'escalier étroit et tournant. La salle à manger m'accueillerait pour ce seul jour.

On avait poussé la grande table le long de la paroi pour rendre la pièce plus confortable. Papa avait dû pressentir, en construisant sa maison, que nous recevrions beaucoup, car la chambre était immense, deux ou trois fois la dimension normale d'une salle à manger, avec une table autour de laquelle quatorze personnes pouvaient facilement prendre place.

Dans l'âtre de pierre, un feu pétillait joyeusement ; les belles décorations de Noël et les bougies allumées remplissaient la salle de joie. C'était presque trop pour mes sens. Les parfums, la vue, les sons m'enivraient. Pendant mon séjour à l'hôpital et mon emprisonnement aux Chênes verts, mon esprit avait souffert autant que mon corps, parce qu'il avait été privé de telles émotions. Et voilà que la salle semblait tituber sous mes yeux, alors que tant de douces sensations assaillaient mon cerveau, dans une fête de plaisirs.

Je ne pus rester assise qu'un moment avant de sentir la fatigue. Aussi le lit d'hôpital fut-il utile. Vêtue de mon costume et portant ma perruque blonde, je paraissais presque humaine, et pourtant j'étais gênée de mon aspect. De mes jambes surtout. Il me semblait qu'elles s'étendaient de façon bizarre et écœurante.

— S'il te plaît, maman, veux-tu me couvrir ? demandai-je.

— As-tu froid, chérie ?

— Non ! Je veux seulement être couverte. Je suis affreuse à voir !

— Quelle bêtise ! répondit-elle. Tu es charmante, au contraire. N'est-ce pas, Jay ?

— Bien sûr, répondit ma sœur.

— Mais je voudrais quand même être couverte. Apporte-moi cette couverture brune et mets-la sur mes jambes. Je ne veux pas que les gens viennent les regarder. S'il te plaît ! insistai-je.

— Très bien, Joni. Comme tu veux ! soupira maman en étendant la couverture sur mes jambes et en la repliant sous elles.

La vraie raison pour laquelle je désirais que mes jambes fussent dissimulées n'était pas l'impression que feraient sur les autres mes membres inutilisables. C'était plutôt le fait qu'elles étaient pour moi un rappel constant de la différence entre ce Noël et les précédents. Je ne supportais pas de les voir !

Dick vint me rendre visite avec d'autres amis, et le temps passa rapidement. Au début, j'étais irritée par cette fuite du temps. Ensuite, j'en fus reconnaissante car, alors que mon esprit revivait d'autres Noëls, j'étais déprimée par les changements qui s'étaient opérés dans mon existence. Je ne pouvais plus courir spontanément dans la neige ou chanter des mélodies de Noël pour les voisins ; ces plaisirs et d'autres étaient passés pour toujours, et il semblait que chacun le comprît. Il n'y eut pas de larmes, du moins sur le moment, mais l'atmosphère était chargée d'une affreuse tristesse.

Ce ne fut qu'en me retrouvant dans mon lit aux Chênes verts que je donnai libre cours à mes pleurs. Et il semblait que rien ne les arrêterait. B.J., Betty, Denise et Ann étaient aussi rentrées chez elles pour la journée de Noël. Mais soit pour celles qui étaient sorties, soit pour celles qui n'avaient pas un lieu où se rendre, Noël était pareil : un pénible rappel de temps meilleurs et de lieux plus riants, quand nous étions en bonne santé.

J'essayai de comprendre mes sentiments en relation avec ce qui s'était passé à Noël. J'avais été heureuse et enthousiasmée à la pensée d'aller à la maison, mais déçue de cette reprise de contact, dans des circonstances nouvelles et étranges, avec des gens familiers et un environnement connu.

Lorsque l'infirmière arriva le lendemain, elle m'examina et me dit :

— Joni, je regrette de vous le dire, ce sera votre dernière visite à la maison pour longtemps !

— Pourquoi ?

— Parce que toutes vos plaies au dos et aux hanches se sont rouvertes ! Toutes les protubérances de vos os frottent la peau et la font craquer. Elles ne se guériront pas, à moins que l'on ne vous remette dans le cadre Stryker ! dit-elle simplement.

— Mais est-ce que je ne peux pas m'asseoir ? implorai-je.

— Malheureusement, ce n'est pas possible. C'est la position assise qui tend la peau et rouvre les blessures. Attendons jusqu'à ce qu'elles guérissent !

* * *

Dick venait aussi souvent que possible ; il faisait les cent kilomètres de l'université de Maryland en auto-stop. Je voyais que mon accident l'avait profondément bouleversé.

— Dickie, lui dis-je un jour. Nous nous cramponnons au passé. Nous avons tort ! Nous ne pouvons revenir au temps de nos années d'école secondaire.

Il me regarda tristement, puis fit un signe affirmatif et dit :

— Mais les choses iront mieux ! Bientôt tu seras...

— Non ! m'écriai-je. Elles n'iront jamais mieux ! Ne comprends-tu pas ? Je n'irai jamais mieux ! Ne le vois-tu pas ?

Une fois de plus, je désirai avec désespoir m'ôter la vie. J'étais prisonnière d'un cocon de toile, ne pouvant remuer que la tête. Physiquement, je n'étais guère plus qu'un cadavre. Je n'avais aucun espoir de marcher de nouveau un jour. Je ne pourrais jamais vivre normalement et épouser Dick. En fait, il pouvait sortir de ma vie pour toujours, concluais-je. Comment aurais-je pu trouver un but ou un sens à une existence aussi vide : me réveiller, manger, regarder la télévision et dormir ? Je n'en avais aucune idée.

Pourquoi une personne serait-elle forcée de subsister dans de telles conditions ? Comme je priais pour que quelque accident ou miracle mît fin à mes jours ! L'angoisse mentale et spirituelle était aussi intolérable que la torture physique.

Mais, encore une fois, il n'y avait aucune possibilité de me suicider. La frustration, à cet égard, était insupportable. J'étais abattue, mais aussi en colère à cause de mon impuissance. Comme j'aurais souhaité posséder juste assez de force et de contrôle dans mes doigts pour faire quelque chose, n'importe quoi, afin de mettre un terme à ma vie ! Les pleurs de rage, de crainte et de désespoir ne faisaient qu'aviver mon découragement.

Il y avait une autre complication à ma situation. Les plaies causées par les protubérances de mes os ne guérissaient pas. Les médecins étaient persuadés que seule la chirurgie pourrait corriger cette anomalie. C'est pourquoi, le 1er juin 1968, je fus ramenée à l'hôpital de la ville pour une opération, ce qui était une confirmation que mon invalidité était permanente. Les docteurs n'auraient pas voulu niveler les protubérances de ma hanche et de mon coccyx s'il y avait eu un quelconque espoir que je puisse me servir à nouveau de mes jambes.

Le chirurgien, le docteur Southfield, m'expliqua en quoi consistait l'opération.

— Puisque vous n'avez aucune sensation, il ne sera pas

nécessaire de vous anesthésier. Mais si vous êtes sensible à la vue du sang et des chairs...

— Cela n'a aucune importance ! répondis-je brièvement. J'ai déjà passé par tout ça ! Rappelez-vous qu'il y a presque une année déjà... J'ai vu de tout ! Et il y a peu de choses qu'on ne m'ait pas faites. Allez-y ! Enlevez ce qu'il faut.

J'écoutais, tandis que les mains du médecin dirigeaient le scalpel à travers la chair de ma hanche. Le sang jaillissait derrière la lame quand il écartait la peau et les tissus des muscles. Ses assistants lui présentaient différents instruments au fur et à mesure qu'il les demandait.

Quelques minutes après, je perçus un bruit étrange de râpage et de grattage. Il ciselait et travaillait l'os de ma hanche, rabotant les jointures aiguës qui avaient causé mes plaies.

Malgré ma vantardise, je n'aimais pas du tout ce que je voyais et entendais. J'avais mal au cœur, aussi commençai-je à chanter pour penser à autre chose. Je chantai fort et longtemps, puisant dans un répertoire terriblement triste des chansons pessimistes.

— Ne pourriez-vous pas chanter quelque chose de plus gai ? demanda le docteur Southfield.

— Non ! répondis-je brusquement, et je continuai mon concert.

Au bout d'un moment, on me retourna, et le chirurgien entreprit l'opération du coccyx. Il rabota et sculpta d'autres protubérances osseuses. Finalement, il sutura toutes les incisions. Puis je fus examinée, bandée et emmenée aux Chênes verts pour ma convalescence.

Une fois toutes les sutures et les plaies guéries, on me permit de recommencer à me tenir assise. Earl m'installa avec soin dans mon lit et m'aida.

— Allons-y, Joni, dit-il, doucement et lentement ! Je ne

veux pas que vous ayez de malaises et vous évanouissiez...
c'est entendu ?

— Entendu ! répondis-je en écho.

— Détendez-vous !

— Vous voyez, Earl ? Je suis assise ! Qu'en pensez-vous ?

Earl ne répondit pas. Bientôt, il me remit dans le cadre Stryker.

— Hé ! Laissez-moi sur le lit, Earl ! commandai-je. J'ai tant attendu ce moment. Si vous craignez que je m'évanouisse...

— Je regrette, Joni ! Il faut que je vous remette dans le cadre. L'opération n'a pas réussi ! L'incision à la colonne vertébrale a sauté. Vous saignez...

* * *

Couchée dans le cadre Stryker pendant les longues semaines qui suivirent, j'abandonnai finalement tout espoir de marcher un jour. Mais je commençai à mettre en action chaque atome de ma force de volonté pour retrouver l'usage de mes mains. Si je les avais, je ne serais pas aussi impuissante. Je n'aurais pas à dépendre de Jay ou Diana pour me laver et me brosser les cheveux. Ou simplement me nourrir. Si je pouvais seulement faire quelque chose, n'importe quoi, je ne me sentirais pas tellement désarmée !

— Vous pouvez vous servir de votre bouche pour faire certaines choses que vous feriez normalement avec vos mains ! suggéra un jour la physiothérapeute Chris Brown quand je lui fis part de mes idées.

Elle ajouta :

— Vous avez vu des gens, en ergothérapie, apprendre à écrire ou à dessiner en tenant un crayon ou un pinceau entre les dents. Vous pouvez aussi apprendre.

— Non ! répondis-je. C'est trop écœurant ! Dégradant ! Je ne veux pas !

Chris n'insista pas.

— Peut-être un autre jour ! dit-elle.

Plus tard, Jay vint me voir. Bien qu'elle sourît et parût se contrôler, elle avait de nouveau pleuré.

— Bonjour, petite sœur ! dit-elle.

— Tu as pleuré, Jay !

Elle fit un signe affirmatif. Elle ne voulait jamais me tracasser avec ses problèmes et me cachait souvent ses sentiments, mais j'avais fini par apprendre ses difficultés conjugales. Et voilà que son divorce avait été prononcé.

Tranquillement, elle me dit :

— C'est fini ! Et tout est bien, Joni ! Ne te fais pas de souci.

— Mais...

— Vraiment ! Ne te tourmente pas !

Et Jay changea de sujet.

— Tiens ! Je t'ai apporté des bonbons.

Elle ouvrit un petit sac et en sortit un.

— Tes préférés, tu vois !

Nous passâmes une heure à bavarder et à feuilleter une revue qu'elle avait ouverte sous le cadre.

Puis, en se préparant à partir, elle me regarda calmement dans les yeux et dit :

— Joni ! Je veux... je veux que tu viennes vivre avec la petite Kay et moi quand tu sortiras de l'hôpital.

— Nous réfléchirons à la chose, Jay, répondis-je. Nous verrons, n'est-ce pas ?

Elle me donna un baiser sur la joue et passa sa main sur mon front, puis me quitta en souriant.

Le sens de la visite de Jay pénétra lentement mon esprit et je songeai à ses commentaires et à son offre. Je me promis de ne faire aucun projet, bien que l'idée de vivre avec Jay fût rassurante.

Quand Dick vint me voir plus tard, il roula mon Stryker jusqu'à la salle de jeux et s'assit par terre au-dessous de moi pour parler. Nous tentions d'entretenir de nouvelles relations, de simples rapports d'amitié. Bien que nous n'eussions pas réellement discuté d'un tel changement, nous comprenions tous deux qu'il n'y avait pour nous, dans l'immédiat, aucun avenir en tant que mari et femme. En premier lieu, je devais retrouver l'usage de mes mains. Ensuite, je devais être rééduquée et cela prendrait probablement beaucoup de temps. Ainsi, ni l'un ni l'autre ne parlions d'amour ou de mariage.

Dans ses visites, en général, il m'encourageait amicalement et me lisait des passages d'une traduction moderne du Nouveau Testament. Le message haut et clair parlait de foi, d'espérance, de confiance. Mais je ne pensais pas qu'il fût pour moi. C'était parfait pour une personne valide, devant faire face à la vie, à la tentation, au doute. Mais que pouvait bien me dire Dieu, à moi qui étais enfermée et immobile dans mon Stryker ?

Diana me lisait l'Ancien Testament et je me mis à me comparer à plusieurs prophètes. Comme Jérémie, je pensais que la colère de Dieu tombait peut-être sur moi en jugement.

Je lus la poésie du livre des Lamentations et m'identifiai pleinement à Jérémie dans ses chagrins :

Elle pleure durant la nuit,
    et ses joues sont couvertes de larmes.
De tous ceux qui l'aimaient,
    nul ne la console.

> *Oh ! Dieu ! Comme c'est vrai !*
> *Et je ne peux pas même*
> *essuyer mes larmes !*

Car l'Eternel l'a humiliée
   à cause de la multitude de ses péchés.

> *Oui ! J'ai transgressé ses*
> *commandements moraux !*
> *Et voilà le châtiment !*

Regardez et voyez s'il y a une douleur
   pareille à ma douleur, à celle dont j'ai été frappée !
L'Eternel m'a affligée au jour de son
   ardente colère !

> *Personne d'autre n'a été puni*
> *ainsi. Pourquoi Dieu m'a-t-il*
> *fait cela à moi ?*

D'en haut, il a lancé dans mes os
   un feu qui les dévore !

> *Accident de plongée...*
> *Paralysie...*

Il m'a jetée dans la désolation, dans
   une langueur de tous les jours !

> *Rage... faiblesse et crainte.*

Il a brisé ma force.
Le Seigneur m'a livrée à des mains auxquelles
   je ne puis résister.

> *Couchée pendant un an, com-*
> *plètement dépendante des*
> *employés et des infirmières.*

Mes yeux se consument dans les larmes,
   mes entrailles bouillonnent,
   ma bile se répand sur la terre.

> *Comment puis-je en suppor-*
> *ter davantage ? Je suis au*
> *bout du rouleau !*

Contre moi il tourne et retourne sa main
   tout le jour.

> *Pourquoi ? Dieu... Pourquoi ?*
> *Pourquoi ?*

Il a fait dépérir ma chair et ma peau,
   il a brisé mes os.

> *Les plaies, les points de su-*
> *ture, la chirurgie osseuse...*

Il m'a environné de poison et de douleur.

> *Et je suis toujours dans ma*
> *prison de toile, entourée*
> *d'instruments.*

Il me fait habiter dans les ténèbres,
   comme ceux qui sont morts depuis longtemps.

> *Je suis prisonnière dans ce*
> *sombre hôpital, où nous som-*
> *mes comme des condamnés*
> *attendant la mort.*

Il m'a entourée d'un mur pour que je ne sorte pas.
Il m'a donné de pesantes chaînes.

> *Je suis prisonnière.*
> *Le Stryker, les sangles,*
> *les pinces...*

J'ai beau crier et implorer du secours,
   il ne donne pas accès à ma prière.

> *Et Dieu ne se soucie pas de*
> *moi.*

Tu m'as enlevé la paix ;
   je ne connais plus le bonheur.

> *Il ne s'en préoccupe pas.*

(Lamentations de Jérémie 1. 2, 5, 12-14 ; 2. 11 ; 3. 3-8, 17.)

* * *

Qui ou qu'est-ce que Dieu ? *Certainement pas un être personnel qui se soucie des individus !* C'était ainsi que je raisonnais. *A quoi bon croire si nos prières tombent dans des oreilles sourdes ?*

Mes doutes devinrent aussi profonds que mes ressentiments. Quand Diana ou Dick lisaient une promesse biblique parlant d'espérance et de confiance, je les arrêtais :

— C'est vraiment trop ! Ces versets sont si vagues, ils n'ont qu'un sens superficiel. Essayez donc de m'appliquer ces promesses ! Dites-moi comment ma présence ici depuis une année travaille pour mon bien. Quel bien ? Où ? Quand ? Je ne veux pas en entendre davantage !

Et puis, il y avait aux Chênes verts des personnes qui augmentaient encore mon sentiment d'impuissance et de dépression. Mme Barber, de l'équipe de nuit, était, pour des raisons personnelles, aussi irritée et amère que moi. Elle faisait souvent des commentaires désagréables et méchants afin de blesser et rabaisser celles de nous qui avaient le malheur de se trouver sur son chemin. Pour Mme Barber, nous n'étions pas des patientes ayant besoin de soins, mais des obstacles à l'accomplissement de ses corvées.

Un soir, elle arriva dans notre chambre et arracha les images qui se trouvaient sur mon ventilateur, près de mon Stryker.

— Comment croyez-vous que je puisse arriver à l'interrupteur de ce ventilateur avec toutes ces choses ? dit-elle sur un ton hargneux.

Les images étaient là depuis des semaines et n'empêchaient nullement la marche de l'appareil. Elle prit une photo de Dick, la regarda et lança d'horribles injures à son sujet, par exemple que Dick était compromis dans toutes sortes d'affaires louches et immorales. La perversité de cette femme me rendait malade et je lui répondis avec fureur.

Elle s'approcha de mon Stryker et gronda :

— Je devrais vous laisser comme vous êtes jusqu'à demain matin, sans vous retourner. Mais pour vous prouver que je suis gentille, je vais tourner l'appareil.

Et elle me bascula brusquement. Elle n'avait pas pris la précaution habituelle de s'assurer que mes bras étaient placés à l'intérieur. L'un d'eux n'était pas tenu et, quand elle me retourna, ma main heurta violemment le cadre. Malgré sa paralysie et son insensibilité, elle se mit à enfler et fut très meurtrie. Mme Barber laissa pendre mon bras et sortit rapidement de la chambre pour faire son service ailleurs.

Tout à la fois secouée, fâchée et effrayée, je me mis à pleurer doucement.

— Joni, j'ai vu comment elle a agi, s'écria B.J. Tu devrais faire un rapport à la direction !

— C'est vrai ! J'ai tout entendu ! Tu devrais le faire, Joni ! ajouta Denise.

— Mais je ne peux rien dire ! Elle me fera quelque chose de pire ! répondis-je en sanglotant.

Le lendemain, cependant, maman vint me voir et, apercevant ma main, me demanda ce qui était arrivé. J'en parlai légèrement, comme d'un accident sans importance, mais mes compagnes lui racontèrent ce qui s'était passé. Courroucée, elle alla voir le directeur.

Tard ce soir-là, Mme Barber pénétra dans la chambre sombre, s'approcha doucement et mit son visage près du mien. D'une voix à la fois susurrante et menaçante, elle me lança :

— Si jamais vous dites encore quelque chose contre moi, petite... je m'arrangerai pour que vous me le payiez cher ! Compris ? Espèce de ... !

Ce n'était pas une vaine menace. J'étais terrifiée à la pensée que quelque chose d'horrible m'arriverait si je me plaignais.

En dehors de quelques employées comme Mme Barber,

qui haïssaient les malades et les soins qu'elles devaient leur donner, il y en avait d'autres qui avaient des égards, mais peu pouvaient nous consacrer quelques instants. Les infirmières ne semblaient passer leur temps qu'à remplir des formules concernant les soins et les remèdes. La plupart étaient surchargées et mal payées et, en conséquence, finissaient par ne plus se soucier de nous.

Ces épisodes ajoutaient à mon abattement.

Jim Pollard était un jeune et brillant tétraplégique qui se posait les mêmes questions que moi. Ses muscles ne pouvaient pas soutenir tout à fait sa tête, aussi penchait-elle légèrement à gauche. Mais sa voix, son intelligence et son esprit étaient intacts et forts.

— S'il n'y a pas un Dieu personnel qui se préoccupe de moi, alors à quoi tout cela sert-il ? lui demandai-je.

— C'est là toute la question ! expliqua-t-il. J'ai beaucoup lu et étudié. J'ai sondé la religion et la philosophie, tout ! La vie n'a absolument aucun sens. Elle ne rime à rien. C'est une absurdité !

— Alors, pourquoi s'en faire ? répliquai-je. Pourquoi ne pas se suicider, tout simplement ? En fait, pourquoi l'humanité entière ne se suicide-t-elle pas, si la vie n'a aucun sens ?

— Oh ! Elle peut en avoir un. Il y a des gens qui croient en Dieu et cela donne un sens à leur existence. Mais quand les choses vont mal, comme pour nous ici, alors, dit-il avec sérieux, on voit que la religion ne sert pas à grand-chose.

— Mais crois-tu que la vie ait un sens ?

— Pas pour nous, probablement, mais elle doit en avoir un pour les gens qui sont debout, qui peuvent manger, travailler, aimer et faire toutes sortes de choses. La poursuite du bonheur, et tout le reste, tu comprends ?

Je fis un signe de tête.

— Mais ici, c'est une autre histoire. Notre vie est réduite

à sa plus simple expression. Et, pour la plupart d'entre nous, il n'y a pas de raison de continuer à vivre.

— Alors ? Pourquoi es-tu encore vivant ?

Jim haussa les épaules.

— Je suppose que je n'ai pas assez de cran pour me supprimer. De plus, la vie a un sens si on le découvre soi-même.

— Comment ?

— Par notre esprit. Par notre intelligence. J'éprouve un élan quand je cherche à développer mon esprit. Je me moque de mon corps. Peut-être puis-je trouver quelque réconfort dans mon intelligence.

— Peut-être... Mais qu'en est-il de tous les autres ? Ceux qui sont sur leurs pieds ! Ils sont nés, ils vivent, meurent et leur seul but est d'exister. Pourquoi s'en faire ?

— Tu m'as eu, Joni ! répondit-il. Pourquoi ne lirais-tu pas quelques-uns de mes livres ? J'ai avec moi des ouvrages de Sartre, Marx et d'autres grands esprits.

Je lus tout ce qu'il me prêta, et cela m'éloigna de plus en plus de Dieu et de toute espérance — le sens de la vie, c'était qu'elle n'en avait aucun ! La vie sans un but éternel et sans Dieu conduisait au désespoir. Je l'admettais, mais je ne savais à quoi d'autre j'aurais pu croire. Est-ce que Dieu, s'il existait, ne s'était pas détourné de moi ?

Jim continuait à m'instruire dans l'agnosticisme.

— Tu vois, Joni, rien n'aura jamais de sens. Accepte ce fait. La vie est capricieuse autant que temporelle. Des positions, des succès, des amis, une famille, tout cela n'a de sens que dans l'immédiat. Tu n'es ici-bas que pour un bref instant ; si, par conséquent, tu désires avoir quelque agrément de cette vie, prends-le maintenant ! Ne te prive de rien pour une vie future.

Je l'interrompis.

— Mais malheureusement, j'ai découvert au collège que

ce qui est temporel ne me satisfait pas, Jim ! Il doit y avoir quelque chose de permanent !

— Et ton accident ? Il n'est certainement pas temporaire ? me rappela-t-il. Tu m'as dit que la Bible affirme que même ta paralysie doit concourir à ton bien. Comment ? Quelle est la justification de ta paralysie ?

— Je... je ne sais pas. C'est justement cela qui me fait douter de Dieu. S'il était réel, ne me le montrerait-il pas ? N'aurais-je pas quelque sentiment du but de tout cela ?

Jim dit :

— Tu deviens adulte et tu es en train de dépasser ton besoin de religion et de Dieu, Joni. As-tu lu quelques-uns des livres que je t'ai donnés ?

— Oui ! J'ai lu *Siddhartha* et *Le Procès de Kafka*, *Bio-Ethics*, *L'Homme à la recherche du sens de la vie*. Tous ceux-là. J'ai lu tous les auteurs existentialistes que tu m'as prêtés !

— Eh bien, mes félicitations ! Alors, tu devrais savoir que l'idée d'un Dieu personnel est ridicule !

— Je n'en suis pas encore là, Jim. Je n'en sais rien. J'ai lu tout ce que tu m'as donné à lire. Ces livres défendent fort bien ton point de vue. Mais...

— Mais tu as peur ! Tu penses que Dieu est assis dans le ciel, prêt à te frapper si tu as des doutes. Eh bien, dis-moi, Joni, si Dieu existe, que peut-il te faire de plus ? Voilà ma manière de considérer les choses. Je suis infirme. Pour de bon. Je ne me tiendrai jamais plus sur mes pieds. Qu'est-ce que Dieu fera si je ne crois pas ? Me condamner à l'enfer ? J'y suis déjà, en enfer ! Non ! Dieu n'existe pas, Joni. Il n'y a pas de Dieu !

Sa voix traînait avec quelque nostalgie, comme s'il avait eu une fois l'espoir que Dieu existait peut-être quand même. Et pourtant, convaincu dans son incrédulité, Jim se résignait : « Dieu n'existe pas ! »

Je priai avec désespoir :

— Mon Dieu, je n'ai qu'une alternative : ou bien tu existes, ou tu n'existes pas. Et si tu n'existes pas, je ne vois aucune raison logique de vivre. Si les personnes qui croient ne vont de l'avant qu'au moyen de quelques mobiles qui n'ont aucun sens, je veux le savoir. Pourquoi continuerions-nous à nous tromper nous-mêmes ? La plupart du temps, la vie est absurde. Et il semble que la seule fin de l'homme soit le désespoir. Que puis-je faire, Seigneur ? Je veux croire, mais je n'ai rien à quoi me raccrocher ! Oh ! Dieu ! Il faut que tu me prouves ton existence !

Mon esprit était un méli-mélo de pensées et de philosophies. Je prenais des positions logiques, rationnelles et intellectuelles, et les abandonnais tout aussitôt pour des concepts contraires, mais apparemment aussi valables que les précédents. Qu'est-ce qui était juste ? Qu'est-ce qui était faux ? Où était la vérité ? Oh ! quel labyrinthe ! *Suis-je en train de perdre l'esprit aussi bien que le corps ?*

Epuisée à force de réfléchir, je fermai les yeux. Et alors, de quelque part, le calme vint prendre possession de moi. Une pensée, ou un souvenir, un murmure doux et léger rappela à mon cerveau troublé :

A celui qui est ferme dans ses sentiments, tu assures la paix.

Et je m'endormis.

6

Diana venait me voir de plus en plus fréquemment. Elle était là si souvent que certains visiteurs la croyaient membre du personnel. Un jour, en reposant la Bible après avoir lu un passage, elle me dit :

— Joni ! J'ai décidé de travailler comme volontaire ici pour pouvoir mieux te soigner.

— Mais, Diana, tu ne peux pas abandonner tes études ! protestai-je.

— J'ai beaucoup prié à ce sujet, Joni. Je crois que c'est là ce que Dieu me demande. Vois-tu, je ne sais pas ce que le Seigneur a en réserve pour mon avenir. Je vais lâcher l'école pendant un semestre et lui demanderai qu'il me donne des directives très précises quant à son plan, m'expliqua-t-elle.

— Oui ! mais...

Diana m'interrompit :

— Mais... rien ! Tout en cherchant à connaître la volonté de Dieu sur ce point, je serai volontaire au moins jusqu'à l'automne prochain.

— Diana, j'apprécie beaucoup ce que tu veux faire. Mais es-tu certaine que ce soit la bonne décision ?

Elle fit un signe affirmatif. Ses yeux brillaient de résolution.

— Oui ! Je suis décidée et j'en éprouve une paix réelle.

C'était bon d'avoir Diana auprès de moi comme volontaire. Elle s'occupait aussi d'autres malades. Elle observait les infirmières et les thérapeutes afin de se rendre utile dans d'autres domaines encore.

Pendant ce temps, mon désarroi spirituel me conduisait dans des chemins sans issue. Dans mes tentatives d'ouvrir mon esprit à d'autres idées, opposées à la foi en Dieu, je devins encore plus désemparée et déçue. Plus je lisais, plus mes croyances s'embrouillaient. N'existait-il donc pas quelque chose qui serait la vérité et aurait un sens ? Toutes mes lectures de Sartre, Hesse, Marx et d'autres ne m'apportaient aucune lumière.

Il semblait, au contraire, qu'en ouvrant mon esprit aux philosophies qui nient Dieu, je m'éloignais toujours davantage de lui. Finalement, je fus convaincue qu'il y avait peu à apprendre et à comprendre de ces œuvres confuses. Mes recherches m'avaient ramenée à la Bible.

Je commençai à sentir que Dieu était réel et s'occupait de moi.

Mes pensées ne sont pas vos pensées. Mes voies ne sont pas vos voies, me rappelait-il par sa Parole. Je devais acquérir la conviction qu'il m'était impossible de connaître mon destin et le sens de mon existence sans prendre en considération sa divinité.

— Que veux-tu dire ? me demanda Diana, un jour que nous discutions de ce sujet.

— Eh bien, voilà... J'ai essayé de donner un sens au monde en faisant une relation entre les choses et moi. Je voulais faire en sorte que ma vie ait un but. Mais la Bible déclare que notre but est de glorifier Dieu. Ma vie a un sens quand je glorifie Dieu ! lui expliquai-je.

— Oui, je comprends, dit Diana. Comment mets-tu en pratique ce concept ?

— Je ne suis pas sûre ! Mais je sais que, jusqu'à maintenant, j'ai cherché un moyen de faire tourner le monde autour de moi. Maintenant, je suis convaincue que je dois agir différemment.

— Eh bien, les réponses à toutes les questions se trouvent dans la Bible, dit Diana. Si tu les cherches, tu trouveras peut-être la volonté de Dieu en ce qui te concerne.

— Oui ! répondis-je. Je pense que je suis impatiente parce que je ne vois pas la vie comme Dieu la voit. Une année dans un cadre Stryker me paraît un siècle, à moi. Mais, pour Dieu, une année c'est peu, car il la voit en regard de l'éternité. Il se peut que les choses prennent un peu plus longtemps que je ne crois.

— Et après, Joni, que se passera-t-il ?

— Je ne sais pas. Je... devine que je dois considérer une chose à la fois. D'abord, je suis paralysée et je ne sais pas pourquoi Dieu l'a permis. Mais il est possible que je ne sache jamais pourquoi. Je ne devrais peut-être pas me laisser arrêter par ça.

— Alors, efforce-toi de sortir d'ici, insista Diana.

— Oui, probablement ! Mais j'ai peur, Diana. J'ai peur et je crois que c'est parce que je ne sais pas ce qu'il m'adviendra quand je serai à la maison.

— Mais c'est pour ça qu'il faut faire confiance au Seigneur, Joni !

Elle souriait, les yeux grands ouverts dans la joie de la nouvelle vérité qui venait de lui être révélée.

— Il n'est pas nécessaire que tu saches pourquoi Dieu a permis que tu sois blessée. Dieu le sait, et c'est cela qui compte. Crois seulement qu'il fait concourir toutes choses à ton bien, pour plus tard si ce n'est immédiatement.

— Que veux-tu dire ?

— Serais-tu plus heureuse si tu savais la raison pour

laquelle Dieu a voulu ta paralysie ? J'en doute. Donc, ne te fatigue pas à la chercher.

— Alors, que crois-tu que je dois faire ?

— D'abord la thérapie. Tu as refusé l'ergothérapie. Tu as dit : à quoi bon apprendre à écrire avec un bâtonnet dans la bouche ? Si Dieu connaît l'ultime but et le sens de toutes choses, il peut trouver ou donner un sens aussi à une vie de paralysée, et tu ne dois pas le combattre sur ce point !

— Mais je fais des progrès en physiothérapie. Pourquoi devrais-je apprendre à écrire avec la bouche ? J'espère retrouver l'usage de mes mains !

— Mais... Diana fit une pause prudente. Mais si tu ne le retrouvais pas ?

Je ne répondis pas immédiatement. Pour moi, la question ne se posait pas. Je pensais : je peux bien sacrifier une année, ou même plus, à rester couchée ici, paralysée. Je peux même faire le sacrifice de mes jambes et passer le reste de mes jours dans un fauteuil roulant. Je ne me plaindrai pas. Mais, Seigneur, tu ne m'empêcherais pas de retrouver l'usage de mes mains et de vivre une vie à peu près normale ! Tu ne vas pas me laisser ainsi pour toujours, n'est-ce pas ?

— Joni !

— Oui ?

— Peut-être devrions-nous nous abstenir de penser à l'avenir pour le moment ! dit Diana avec douceur, comme si elle lisait dans mon esprit. Ne faisons qu'un pas à la fois, comme tu l'as dit.

— Je crois que je n'ai pas envisagé ma sortie d'ici. Après tout, c'est un hôpital de *rééducation*. Je devrais, par conséquent, me concentrer sur ma rééducation, n'est-ce pas ?

Le lendemain, je dis à Chris Brown, mon ergothérapeute, que je voulais apprendre à travailler avec la bouche.

Chris était tout aussi agréable, joyeuse, utile et encourageante que Joe et Earl.

— Mon travail, m'expliqua-t-elle simplement, consiste à vous aider à vous débrouiller au-dehors, dans le monde.

— Et c'est tout ? dis-je en plaisantant.

— Eh bien, vous ferez tout le travail vous-même. Ainsi, ma part sera facile.

— Qu'allez-vous me montrer ?

— En premier lieu, si vous appreniez à écrire ?

— Très bien, Chris... Que dois-je faire ? demandai-je.

— Tenez ce crayon dans la bouche. Serrez-le entre les dents, comme ceci.

Chris tint un crayon dans sa bouche pour faire la démonstration, et en plaça un autre dans la mienne.

— Voilà ! Parfait ! Vous voyez, c'est facile. Ah ! pas si fort. Vous auriez la crampe des écrivains à la mâchoire ! plaisanta-t-elle. Tenez-le juste assez fermement pour ne pas le lâcher et pour le diriger. Vous comprenez ?

— Mm... mf ! balbutiai-je pour dire que j'avais compris.

Chris m'enseigna à tracer des lignes, des cercles et d'autres signes. Au début, je ne fis qu'un gribouillis informe. Mais après bien des heures d'exercice, je commençai à contrôler mon crayon avec plus de précision. Finalement, je fus capable de former des lettres. Avec de la volonté et de la concentration, j'écrivis une lettre à mes parents. Elle était brève et les caractères étaient encore de grands et étranges hiéroglyphes, mais c'était tout de même de l'écriture !

Le sentiment d'accomplir quelque chose m'amena à prendre une attitude plus positive, et je commençai à jouir de ma thérapie, soutenue par les encouragements du personnel et des malades qui applaudissaient chaque petit progrès.

En septembre, on me conduisit à l'hôpital Kernans pour une seconde opération du dos. Je ne désirais pas y aller, mais mon épine dorsale avec ses protubérances ne guérissait pas. Cet hôpital ne se trouvait qu'à quelques kilomètres de notre maison à Woodlawn, aussi me fut-il difficile de maîtriser mon émotion à me sentir si près de la maison sans pouvoir y retourner.

Cette fois, l'opération fut un succès, pour lequel je remerciai Dieu. Cependant, j'eus encore à supporter quinze jours dans mon cadre Stryker, la face tournée vers le sol. Durant la convalescence, j'eus la grippe et je lus beaucoup. Pour compenser toutes les œuvres négatives, agnostiques et athées que j'avais découvertes, je me tournai vers la Bible et la littérature chrétienne, qui m'étaient plus profitables.

Maman tenait patiemment le livre pendant des heures, tandis que je lisais. *Simple christianisme,* de C.S. Lewis, fut un changement rafraîchissant et m'apporta un magnifique équilibre après tout ce que j'avais ingurgité auparavant. Ma vision des choses spirituelles en fut extraordinairement éclairée.

Le 15 octobre, jour de mon anniversaire, je reçus un cadeau bienvenu : je fus enfin retournée visage en haut ! Ce fut une grande fête. Diana, mes parents, Jay et Dick me rendirent visite. Bien qu'une transition se fût produite dans nos relations, qui avaient passé du stade d'amoureux à celui de camarades intimes, Dick venait aussi fidèlement que jamais.

A mon retour aux Chênes verts, les perspectives devinrent plus brillantes. Comme l'opération avait réussi, j'allais commencer à me servir d'un fauteuil roulant. J'étais aussi plus heureuse en me soumettant à différentes formes de thérapie.

C'était encourageant de voir des malades quitter les Chênes verts. Quelques-uns de mes amis paraplégiques avaient été rééduqués et étaient libres de rentrer chez eux se refaire un chemin dans la vie. Ces faits palpitants m'aidèrent à me plonger dans ma propre rééducation avec une détermination accrue.

Chris Brown était impatiente de se servir de ma nouvelle énergie et de mon enthousiasme.

— Pourquoi ne feriez-vous pas quelque chose d'artistique, maintenant que vous écrivez joliment bien avec la bouche ?

— Artistique ? demandai-je.

— Oui ! Vous m'avez montré les dessins que vous faisiez autrefois. Vous avez du plaisir à créer. Vous pourriez peindre ces disques de céramique. Ce seraient de jolis cadeaux !

J'observai comment un autre tétraplégique tenait un pinceau dans la bouche et étendait la peinture sur une des pièces d'argile. Cela paraissait inutile — comme un jeu de jardin d'enfants.

— Je ne sais pas ! dis-je d'un ton morne.

— Allons, essayez donc ! me pressa Chris.

Je m'évertuai à répandre de la couleur sur les disques et à faire des dessins maladroits. C'était décourageant. Au début, je détestais cordialement ce travail. Mais quand les disques revinrent du four, ils paraissaient à peu près acceptables. Et avec de l'exercice, comme pour l'écriture, je fis des progrès.

En quelques semaines, je créai plusieurs cadeaux de Noël pour ma famille et mes amis. Je ne savais ce qu'ils penseraient de ces plats à bonbons ou à fruits, mais moi, étant donné les circonstances, je les trouvais jolis. Et j'avais la satisfaction de les avoir faits moi-même.

Un jour, Chris m'apporta un peu d'argile humide.

— A quoi cela sert-il ? demandai-je.

— J'aimerais que vous fassiez un dessin sur cette argile.

— Comment ? Avec un crayon dans la bouche ?

— Essayez avec ce poinçon.

— Que dois-je faire ? Faut-il écrire ?

— Pourquoi ne feriez-vous pas quelque chose qui exprimerait votre pensée ? Quelque chose que vous aimez ! me suggéra-t-elle.

Soigneusement, j'évaluai la distance entre ma bouche et l'argile molle, j'en éprouvai la consistance avec la pointe du poinçon et m'efforçai de graver quelque chose.

Je dis à Chris :

— La dernière fois que j'ai dessiné, c'était au cours de notre voyage dans l'Ouest, avant mon accident. Pendant mon enfance, papa m'a toujours encouragée à dessiner. Il est lui-même artiste et s'est cultivé tout seul.

Je me souvenais aussi que j'avais un plaisir tout particulier à faire des croquis de scènes au fusain. Dans l'Ouest, j'avais rempli mon bloc de dessins de montagnes, de chevaux, de gens et d'animaux. Je me remémorais ces scènes et cherchais à me rappeler le processus inconscient du dessin, la communication de l'image mentale à mes mains qui la transposaient sur le papier. Mes mains tenaient la clé de mon talent d'artiste. Mais au fait, était-ce vrai ?

Je regardai le simple croquis que je venais de produire. C'était la silhouette d'un cow-boy sur son cheval. Ce n'était pas extraordinairement créatif ou impressionnant mais, du moins, c'était un début.

Chris fut étonnée de ma première tentative :

— Joni ! C'est formidable ! Vous avez vraiment du talent !

Elle sourit et ajouta :

— Vous auriez dû commencer plus tôt. Il faut revenir à votre art !

— Mais je faisais ça quand j'étais en possession de mes mains ! protestai-je.

Elle secoua la tête :

— Peu importe ! Les mains sont des outils, et c'est tout ! L'habileté, le talent se trouvent dans le cerveau. Avec la pratique, vous pourrez faire aussi bien avec la bouche qu'avec les mains.

— Ah ! Vraiment ? demandai-je.

— Oui ! Voulez-vous essayer ?

— Bien sûr ! Allons-y !

Ce fut une journée passionnante. Pour la première fois depuis une année et demie, j'étais capable de m'exprimer d'une manière créative et productrice. C'était merveilleux et cela m'apportait un nouvel espoir.

Ma température spirituelle était également en hausse. Auparavant, ma colère et mon affolement s'étaient mués en ressentiment. Je pensais : *Comment un Dieu d'amour — s'il existe — peut-il permettre cette situation désespérée ?* Mes recherches dans d'autres domaines ne m'avaient pas apporté de réponse satisfaisante. Aussi, lorsque j'étais retournée à la Bible, mon amertume s'était-elle adoucie.

J'étais fâchée de ce que ma vie fût limitée aux seules nécessités de base : manger, respirer et dormir, jour après jour. Mais je découvris que le reste de la race humaine se trouvait dans le même bateau que moi. Toutes les vies tournaient autour du même cercle insignifiant, bien que, pour d'autres, cela ne fût pas aussi apparent. Les distractions les empêchaient de voir qu'ils étaient tous pris dans le même engrenage. Le travail, l'école, la famille et les plaisirs les occupaient assez pour qu'ils n'eussent jamais conscience que leur existence était, en somme, pareille à la mienne : manger, respirer, dormir !

Et lentement, j'acquis la conviction de l'intérêt de Dieu pour moi. J'étais une sorte de cobaye cosmique, une représentante de la race humaine sur laquelle on pouvait faire l'épreuve de la vérité. Les divertissements, les pièges, tout avait disparu. Dieu me les avait enlevés et m'avait placée ici, sans aucune distraction. Ma vie était réduite à sa plus simple expression.

Et maintenant, que fallait-il faire de cette vie ? me demandais-je. Je n'avais pas de corps, mais j'étais encore une personne. J'avais à trouver un but et une direction, et non plus seulement quelques satisfactions temporaires. Même les draps propres et stériles dans la salle austère étaient symboliques. Manger, respirer, dormir. Manger, respirer, dormir. *Pour quel but ? Comment puis-je glorifier Dieu ? Que puis-je faire ?*

Oui, raisonnais-je, il devait y avoir un Dieu personnel. Il pouvait choisir de ne pas se révéler à moi d'une manière spectaculaire. Pourquoi l'aurait-il fait ? Pourquoi aurais-je été plus importante que mon prochain qui devait trouver Dieu et sa voie par la foi et non par la vue ? Pourquoi aurais-je dû être différente ?

Je parlai à Diana de mes pensées.

— Rien n'a encore de sens, Diana. Je ne sais pas ce que Dieu accomplit, mais je crois qu'il est réel et que, d'une façon ou d'une autre, il sait. Et il comprend. Mes réflexions ont maintenant un aspect positif. Je suis encore dans l'incertitude, mais auparavant elle me faisait pencher vers le doute. Maintenant, elle me rapproche de la confiance.

— Peut-être cela a-t-il quelque chose à voir avec ta prière avant l'accident ? suggéra Diana.

— Quelle prière ?

— Souviens-toi. Tu m'as raconté que, peu avant ta fracture, tu as prié : Seigneur, fais quelque chose dans ma vie pour me changer et me faire prendre une autre direction ! Peut-être est-ce là la manière dont Dieu exauce cette prière !

— Je me le suis demandé. C'est possible. Mais ce n'est en tout cas pas ce que j'attendais ! Et Dieu a certainement son heure ! dis-je, ajoutant : Je ne sais pas quel est son but dans tout ceci. Il est probable que je ne marcherai jamais plus. Et je ne vois pas comment je pourrais être de nouveau heureuse. Je crois que c'est vraiment ça qui me tourmente.

— De ne pas être heureuse ?

— Oui ! Je dois dire que, si j'ai appris quelque chose des auteurs existentialistes, c'est que l'être humain ne peut vivre dans le désespoir. Crois-tu, Diana, que je serai heureuse un jour ?

— Je ne sais pas, Joni. Je ne sais vraiment pas.

Dès lors, mes études de l'Ecriture sainte se poursuivirent sérieusement, ainsi que celles de la littérature chrétienne. Les écrits de Francis Schaeffer et de C.S. Lewis étaient comme un souffle d'air frais, comparés aux livres de Marx, Hesse et aux autres œuvres non chrétiennes que j'avais lues. Je commençais à pressentir une application directe de la Parole de Dieu dans ma vie. Pour la première fois, je trouvais dans la Bible une signification pour moi personnellement. Mes épreuves étaient un peu plus faciles à accepter en voyant comment j'entrais dans le plan de Dieu, tout particulièrement par la lecture des Psaumes. *Le Seigneur soutiendra celui* (moi !) *qui est sur son lit de douleur. Tu le soulages dans toutes ses maladies* (Psaume 41. 4).

Les tensions paraissaient plus grandes la nuit. Peut-être quand la thérapie n'avait pas été satisfaisante le jour précédent. Ou si je n'avais pas eu de visites. Ou encore quand Mme Barber avait été désagréable. Quel que fût le problème, j'avais besoin de pleurer. Et je me sentais d'autant plus frustrée que je ne pouvais le faire, n'ayant personne pour essuyer mes larmes et m'aider à me moucher. Les Ecritures m'encourageaient et j'appliquais leur vérité et leur réalité à mes besoins particuliers. Pendant ces heures difficiles du milieu de la nuit, je me représentais Jésus debout près de mon Stryker. J'imaginais une personne forte et consolante, dont la voix profonde et rassurante me disait, à moi spécialement :

— Voici, je suis toujours avec toi ! Si je t'ai assez aimée pour mourir pour toi, ne penses-tu pas que je saurais mieux que personne diriger ta vie, même si tu dois rester paralysée ?

La réalité de ce texte, c'est qu'il était auprès de moi, à cet instant-là. A mon côté, dans ma propre chambre ! C'était là le réconfort dont j'avais besoin !

Je découvris que le Seigneur Jésus-Christ pouvait vraiment se mettre dans ma situation. Sur la croix, pendant ces heures d'horrible agonie, dans l'attente de la mort, il avait été immobilisé, impuissant, paralysé.

Jésus savait ce que c'était que d'être dans l'impossibilité de se mouvoir, se gratter le nez, changer de position, essuyer ses larmes. Sur la croix, il était paralysé. Il ne pouvait bouger ni les bras ni les jambes. Christ comprenait exactement ce que je ressentais !

Ainsi, puisque nous avons un grand souverain sacrificateur qui a traversé les cieux, Jésus, le Fils de Dieu, demeurons fermes dans la foi que nous professons. Car nous n'avons pas un souverain sacrificateur qui ne puisse compatir à nos faiblesses ; au contraire, il a été tenté comme nous en toutes choses, sans commettre de péché (Hébreux 4. 14-15).

Avant mon accident, je n'éprouvais aucun *besoin* de Christ. Et voilà que, désormais, il m'était désespérément nécessaire. Lorsque je me tenais sur mes pieds, il ne me semblait jamais important de le consulter avant de prendre une décision : à quelle partie de plaisir participer, si je devais rendre visite à une amie, aller à un match de football, etc. Je ne croyais pas qu'il pût s'intéresser à des choses aussi insignifiantes. Mais maintenant que ma vie était réduite aux routines de base, il en faisait partie parce qu'il prenait soin de moi. Il était, en fait, la seule réalité dont je pouvais dépendre.

Ces notions avaient un effet apaisant sur mon esprit, et je crois qu'elles étaient même utiles à Jay, avec qui je les partageais.

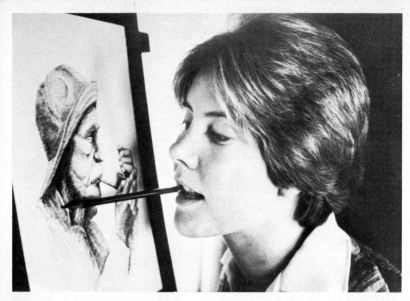

La maison que le père de Joni construisit pour sa famille, à Baltimore.

Joni
lors d'un
concours hippique
en 1966.

It is important to remember that the promise "...God causes all things to work together for good.." only applies to those who love God, those who have been born into His family. However, due to our sin and rebellion we are alienated from God and subject to His judgment. Praise God though, that He sent His Son, Jesus to be judged on the cross — paying the death penalty for my sin and your sin! If we truly trust that our punishment was borne by Christ and obey Him as our LORD, we can be assured of eternal life and the promise of Romans 8:28.

It is my hope that in the course of reading this book, the Holy Spirit has enlightened your heart and mind to these truths. Jesus is alive and His power is available to you...He proves Himself daily in my life, and what more couldn't He do in your life! Are you a part of God's heavenly family? For indeed, I hope one day we shall meet in glory

Joni
PTL

Mes dessins, qui étaient encore dans mon style personnel et d'exécution rudimentaire, étaient bien plus thérapeutiques que je ne l'avais prévu. Pour refléter mes nouvelles dispositions, je me mis à signer mes œuvres du sigle P.T.L. (Praise the Lord — Louez le Seigneur), une expression de ma foi dans la bonté du Dieu qui prenait soin de moi, un moyen simple de lui donner gloire pour son aide directe en me rendant cet aspect de ma personnalité.

Je me mis aussi à prendre plus d'intérêt à ma toilette. Avant, j'évitais tous les miroirs. Maintenant, Jay et Diana m'aidaient à m'arranger les cheveux, à donner de l'éclat à mon visage, à me trouver des vêtements attrayants et à découvrir la façon d'améliorer mon apparence générale.

En thérapie, je pus de nouveau essayer de m'asseoir. J'eus encore des nausées et des vertiges quand on me souleva, mes jambes pendant au bord du lit. Petit à petit, je fis des progrès et ne tardai pas à me tenir presque assise. Puis, sur la planche inclinée, je me réhabituai à la position verticale, tandis que mes muscles, longtemps inemployés, durent porter ma tête. Quand mon oreille interne et les muscles de ma nuque se furent rajustés à cette position, je fus autorisée à m'asseoir dans un fauteuil roulant. On me bandait les jambes pour éviter les problèmes de circulation causés par l'accumulation du sang dans les artères ; je portais un corset serré afin de soutenir mon torse. Cela me permettait de respirer confortablement.

J'étais encouragée par mes progrès et me réjouissais à la pensée d'aller à la maison pour les vacances de Noël. Noël 1968 ! Une année entière s'était écoulée depuis ma dernière visite ! Mais, cette fois, je pouvais y passer plusieurs jours.

Peu avant les fêtes, mes parents m'apportèrent des nouvelles intéressantes :

— Joni, nous avons entendu parler d'un hôpital récemment installé en Californie, dit papa. On l'appelle le Ranch los Amigos, à Los Angeles. Ils font des progrès remarquables en thérapie.

— Leur rééducation est très avancée, ajouta maman. Ils ont fait retrouver à des paralytiques l'usage de leurs bras et de leurs jambes, même dans des cas apparemment irrécupérables.

— Oh ! oui ! m'exclamai-je. Allons-y ! Est-ce possible ?

— Nous sommes en train de vérifier. Nous aurons bientôt des nouvelles. Ça a l'air bien, dit père. Nous ne pouvons pas aller avec toi, mais nous avons parlé avec Jay et elle est prête à t'accompagner. Elle irait en avion et louerait un appartement dans ton voisinage.

— Ça me paraît merveilleux ! m'écriai-je. Prions que le Seigneur rende la chose possible. Quel magnifique cadeau de Noël ce serait, n'est-ce pas ?

Ce fut un Noël épatant. J'étais assez forte pour rester à la maison plusieurs jours, et il faisait bon vivre dans mon environnement familier. Et quand Dick me demanda d'aller avec lui voir un film, je fus vraiment enthousiasmée.

Mais, bien que désirant profondément redevenir un être normal, cela m'était impossible. Dick m'entoura de son bras et je ne m'en aperçus même pas. Il me serra contre lui affectueusement, tendrement, mais je n'éprouvai aucune sensation. Je continuai à regarder le film. Finalement, il me demanda :

— Ne sens-tu donc rien ?

— Quoi ?

— Ceci !

Et il me serra encore contre lui.

— Non ! dis-je à voix basse, embarrassée. Je regrette !

Comme j'aurais voulu sentir son bras !

En rentrant, Dick fut obligé de stopper brusquement. Je partis en avant et donnai de la tête contre le tableau de bord. Je ne pouvais rien faire, pas même me redresser. Si je n'étais pas blessée, mon orgueil et mon moi en avaient pris un vilain coup !

Dick s'en voulait de cet incident.

— Pourquoi n'ai-je pas pensé à te tenir ? se blâmait-il.

— Dick, je t'en prie, ne t'excuse pas. Il faut s'habituer ! Et je ne me suis pas fait mal ! Ne gâchons pas notre soirée avec ça.

Nous rentrâmes sans autre incident. Alors qu'il m'introduisait dans la maison, je lui dis :

— Merci, Dickie. Je me suis bien amusée ! C'était presque comme dans le temps. C'est la première fois, depuis une année et demie, que je vis quelque chose de normal ! Merci, Dickie !

— Ça a été très chic ! dit-il simplement en se penchant pour m'embrasser sur le front. Je suis content que tu aies eu du plaisir.

Ses yeux expressifs me souriaient amicalement.

J'avais eu du plaisir. En réalité, ce n'était plus comme autrefois. Mon fauteuil d'infirme nous mettait tous deux mal à l'aise, et je me demandais :

— Est-ce que les choses redeviendront un jour comme avant ?

Je me promis de faire tout ce qui était en mon pouvoir pour qu'il en soit ainsi, au moins en ce qui concernait mon attitude.

Quel contraste avec le Noël précédent ! Une année auparavant, je n'avais passé qu'une journée à la maison, et j'avais eu tellement honte de mon physique et de mon handicap que je m'étais retirée et m'étais couvert les jambes avec la vieille couverture brune.

Cette année, je portais des bas neufs, un pullover orange vif avec une petite jupe en velours côtelé assortie. Bien que mes cheveux fussent encore courts, j'avais une coiffure féminine et coquette. Je me sentais de nouveau une jeune femme, et pas seulement un corps enfermé dans une chemise d'hôpital. Cette fois, je n'avais pas envie de retourner aux Chênes verts.

— Ce ne sera pas nécessaire, Joni ! me dit papa.

— Comment ?

— Tu ne retourneras pas aux Chênes verts ! Nous venons de recevoir un mot de Californie. Il y a de la place pour toi au Rancho los Amigos. Nous partirons la semaine prochaine, après le Nouvel An.

Je me mis à pleurer.

— Oh ! papa, je suis si heureuse ! Le Seigneur est merveilleux ! Il répond à la prière !

— Maman et moi prendrons l'avion avec toi. Jay ira en voiture et nous retrouvera là-bas.

— Je ne peux pas croire que je vais vraiment partir !

Le Rancho los Amigos ! C'est là-bas que je retrouverai l'usage de mes mains ! pensai-je.

7

Le vol jusqu'en Californie fut une expérience inoubliable. Après tout, c'était la première fois que je prenais
l'avion, et je m'envolais vers l'Espoir ! Je retrouverais rapidement l'usage de mes mains. Dick et moi pourrions reprendre nos projets et nous marier. Enfin, j'entrevoyais ce
que je croyais être le plan de Dieu pour mon bien.

A notre arrivée à Los Angeles, à quelque 4800 kilomètres
du froid glacial et des rues gelées de Baltimore, le temps
était doux et ensoleillé. Je sentis immédiatement que j'allais
jouir de mon séjour.

Me rappelant ma déception à la première vision que
j'avais eue des Chênes verts, j'avais résolument évité de me
faire un tableau mental du Rancho los Amigos. A ma surprise, le ranch était beau et son personnel très efficient.
Bien des employés étaient des étudiants gagnant l'argent
de leurs études. Il y avait plusieurs jeunes filles et j'étais
heureuse de trouver des personnes de mon âge et du milieu
qui m'était familier.

Je fus impressionnée par l'ordre et l'activité bien organisée de l'institution. Aux Chênes verts, le personnel était
toujours très occupé, mais c'était l'activité chaotique de
ceux qui sont surchargés. Ici, il n'y avait pas de mouve-

ments inutiles. Bien que chacun eût beaucoup à faire, tout était en vue du bien du patient, et non à ses dépens. Je suis certaine que cela était dû au fait que le ranch avait de bons employés et qu'ils étaient bien payés.

Mes parents restèrent le temps de m'installer ; puis ils repartirent pour Baltimore, laissant Jay et Kay dans un appartement loué près du Rancho los Amigos. Un soir, une semaine plus tard, j'entendis du bruit dans le hall. Je m'efforçai de reconnaître les voix : aucun doute, c'était bien eux ! Diana, Dick et Jackie firent irruption dans la chambre.

— Tra la la ! chanta Diana, en gesticulant et en s'inclinant gracieusement.

— Je ne peux pas le croire ! criai-je.

— Nous avions l'ennui de toi, fit Dick en riant.

— Tu es contente de nous voir ? demanda Jackie.

— Comment êtes-vous venus jusqu'ici ?

— En voiture tout le trajet, expliqua Diana.

— Non-stop ! ajouta Dick. C'est pourquoi nous sommes si sales !

— C'est vrai ! dit Jackie en souriant. Nous sommes venus directement à l'hôpital. Nous avons fait le plein dans le Nevada et ne nous sommes pas arrêtés depuis. Nous voulions arriver ce soir, avant la fin des heures de visites.

Dick dit en riant :

— Je crois bien que nous avons roulé les cinquante derniers kilomètres grâce à la fumée de l'essence !

— Vous en faites de belles ! dis-je.

Ce fut une réunion exubérante et joyeuse, et le règlement concernant les visites fut quelque peu oublié ce soir-là, tandis que mes amis me racontaient les détails de leur voyage. Ils parlaient tous à la fois, très excités, se jetant sur mon lit et ponctuant leur conversation de grands gestes et de rires contagieux.

Jay et Kay arrivèrent avant leur départ et les invitèrent à camper chez elles avec leurs sacs de couchage.

Au Rancho, on commença immédiatement la thérapie, qui consistait à me rendre aussi indépendante que possible. On équipa mes avant-bras de bretelles et on m'enseigna à mouvoir les bras en utilisant les muscles des épaules et du dos. Je découvris que je pouvais les lever et les abaisser quelque peu en employant certains muscles, mais j'étais incapable de bouger les doigts ou plier les poignets, ce qui limitait les mouvements des bras ainsi que mon pouvoir de les diriger. Je ne pouvais ni prendre ni tenir le plus petit objet.

J'appris cependant à me nourrir avec une cuillère courbée à un angle de quarante-cinq degrés et attachée à mes bretelles. En faisant un mouvement du bras, je la balançais dans mon assiette, y prenais un peu de nourriture et la ramenais à ma bouche. Le geste, facile et inconscient pendant dix-sept ans de ma vie, était maintenant maladroit, difficile, et m'obligeait à une totale concentration. En élevant et abaissant la cuillère dans l'assiette, j'étais capable de me nourrir seule, mais il m'arrivait de laisser tomber plus de nourriture que d'en introduire dans ma bouche. Cependant, c'était une expérience stimulante : manger seule après une année et demie !

Progressivement, mes mouvements devinrent plus souples et j'essayai avec une fourchette courbée de la même manière, mais sans autant de succès. C'était bien peu de chose que d'amener jusqu'à mes lèvres une bouchée de purée de pommes de terre, mais le sentiment de réussite était enthousiasmant.

Mon médecin au Rancho était un jeune et brillant spécialiste dont les méthodes étaient nouvelles, et peut-être pas très orthodoxes.

— Merci, docteur, de ne pas avoir renvoyé mes amis quand ils sont arrivés en trombe !

— Je ne veux pas qu'on renvoie vos amis ! répondit-il.
Et même, je désire qu'ils viennent aussi souvent qu'ils le
peuvent.

— Vraiment ?

— Oui ! Je veux qu'ils vous observent dans toute votre
thérapie et qu'ils en apprennent autant que possible sur
vous et votre handicap.

— Vous désirez qu'ils me voient faire de la physiothérapie et de la rééducation ?

— Oui, tout ! Vous voyez, Joni, je tiens à ce que vos
amis et votre famille connaissent vos moyens, vos besoins
et vos problèmes comme nous les connaissons nous-mêmes.

— Pourquoi, docteur ?

— Pour que vous deveniez moins dépendante des soins
d'un hôpital.

— Vous voudriez qu'ils apprennent à s'occuper de moi ?

— Exactement ! Et je souhaite que vous vous fixiez un
but réaliste en vue de votre départ d'ici et de votre retour
définitif à la maison.

— A la maison ? balbutiai-je.

— Je pense que vous devriez faire vos plans pour terminer votre séjour le 15 avril.

— Le 15 avril ! Mais c'est dans trois mois ! Est-ce que
je serai prête ?

— Cela dépend de vous. Etes-vous disposée à travailler
pour cela ?

— Si je suis disposée ? Bien sûr !

Cela paraissait incroyable. Je n'étais pas habituée à ce
que l'on me parle ainsi de ma rééducation. Aux Chênes
verts, je ne savais jamais rien de ce qui se tramait. J'étais
toujours obligée de réagir contre mes espoirs de peur
d'être déçue ; aussi ne faisais-je aucun projet. Mais voilà
que j'avais quelque chose de précis devant moi, et seulement trois mois pour m'y préparer. Ma tête était sub-

mergée de pensées et de rêves de départ prochain et définitif.

Judy, une étudiante chrétienne qui travaillait à mi-temps comme assistante, devint mon amie. Elle était spirituellement plus mûre que moi ; aussi parlais-je souvent du Seigneur avec elle, dans l'espoir d'acquérir un peu de sa foi. Judy suivait les cours d'une école biblique dans les environs et était ravie de partager ses nouvelles connaissances de la vérité scripturaire. Je sentais que je progressais dans tous les domaines.

Judy arriva de bonne heure, un matin, poussant un fauteuil roulant vide, et dit :

— Tu as été suffisamment assise maintenant pour être capable de te tenir dans un fauteuil roulant !

— Vraiment ? Et je peux le faire marcher ? Comment ?

— Tu vois les huit boutons de caoutchouc à l'extérieur des roues ?

Je fis un signe affirmatif.

— Bien ! Laisse pendre tes bras à côté des roues et fais en sorte que tes mains touchent ces boutons. Tu vois ?

— Oui... et après ?

— Souviens-toi que nous avons fait travailler les muscles de tes épaules. En mettant en mouvement tes épaules et tes biceps, tu peux arriver à ce que tes bras touchent les boutons de la roue. Ce sera long et fastidieux jusqu'à ce que tu puisses les atteindre !

— Très bien ! Quand puis-je commencer ?

— Tout de suite ! Tu peux te rendre au centre de physiothérapie.

— Mais je n'ai pas de séance avant neuf heures ! Et il n'est que sept heures ! lui dis-je.

Judy sourit :

— C'est vrai ! dit-elle.

Ce fut, en effet, un apprentissage lent et ennuyeux. J'étais attachée pour éviter d'être projetée sur le sol, et c'était bien nécessaire. J'essayai tous les exercices que je pouvais me rappeler pour que les muscles de mon dos et de mes épaules remplacent ceux des bras. Et il me fallut ces deux heures tout entières pour faire franchir au fauteuil roulant les quelque dix mètres du corridor qui me séparaient du centre de physiothérapie. Après cela, j'étais tellement épuisée qu'il ne me restait plus de force pour faire les exercices.

Judy m'attendait dans la salle pour constater mes progrès, rayonnante à la vue de mes efforts.

— Magnifique ! dit-elle, tout excitée.

— Vraiment ? Est-ce qu'il faut autant de temps à chacun ?

— La première fois, affirma Judy, la plupart abandonnent complètement, et même quelques-uns tombent du fauteuil.

Je me sentais fière et encouragée par mon succès. Pour la première fois depuis plus d'une année et demie, j'avais réussi à me déplacer par mes propres moyens !

Avec de la pratique, il me fut possible d'augmenter mon habileté. Il y eut cependant quelques petits échecs. A plusieurs reprises, je me trouvai coincée contre un mur et restai là trente ou quarante minutes jusqu'à ce qu'on vienne me secourir.

Finalement, on me donna une chaise à propulsion électrique. Quel sentiment de liberté et d'aventure ! Elle était contrôlée par une boîte que je manipulais en utilisant la bretelle de mon bras et j'y arrivais si bien que je vivais pratiquement dans mon fauteuil.

La communauté californienne autour de l'hôpital avait aménagé ses trottoirs pour les fauteuils roulants ; même les tournants étaient légèrement inclinés, ce qui facilitait le passage. J'étais heureuse d'être assez indépendante pour aller jusqu'au magasin Taco Bell afin de rendre service à d'autres malades qui ne pouvaient se déplacer.

Pourtant, c'était encore humiliant de croiser des passants qui me suivaient des yeux en faisant des remarques. J'étais aussi mortifiée, après avoir roulé jusqu'au Taco Bell, d'être incapable de sortir mon argent pour payer ce que j'avais commandé. L'employé avait l'habitude des handicapés et résolvait le problème gentiment et avec bonne humeur. Il plaçait mes achats avec soin sur mes genoux, prenait la monnaie dans ma bourse et me taquinait en m'encourageant à concourir dans la course des cinq cents kilomètres de l'Ontario.

Je ne pris pas part à cette compétition, mais participai tout de même à certaines courses. Rick, un autre tétraplégique, et moi, avions tous deux des fauteuils électriques et aussi des antécédents sportifs similaires. Cela ne pouvait que conduire à des concours entre nous.

— Je peux rouler plus vite que toi ! me vantai-je un jour.

— Ah ! tu crois ? Tu veux faire la course ?

Il y eut un vrombissement quand nos véhicules furent lancés à toute allure dans le corridor, sur un parcours de cinquante mètres. Ce fut un bel essai !

— Si nous allions plus loin, nous atteindrions une plus grande vitesse ! dit Rick en riant. Partons de l'angle du bâtiment et allons en tournant jusqu'aux portes d'entrée à l'autre bout du vestibule. D'accord ?

— Allons-y ! dis-je.

Judy et un autre employé firent semblant de ne pas remarquer nos performances et s'éloignèrent.

— A tes marques ! criai-je à Rick. Prêt ? Partons !

Nous nous élançâmes côte à côte, en un slalom insensé et bruyant.

— Ne m'accroche pas, Eareckson ! cria Rick. Reste de ton côté de la rue !

Alors que nous passions à toute vitesse devant les salles, les patients regardaient ébahis ou souriaient de notre jeu.

Le fauteuil de Rick fut d'abord en avance sur le mien, puis le mien sur le sien, et finalement Rick reprit la tête de la course.

Nous arrivâmes à égalité au dernier virage. Je m'y lançai sans même ralentir. Alors que je le prenais en fonçant, je me trouvai en face d'une infirmière qui portait un plateau chargé de flacons et de médicaments.

Elle se raidit. Je hurlai :

— Attention !

Trop tard ! Le plateau s'envola et s'écrasa sur les dalles, mon fauteuil cloua l'infirmière contre le mur. J'essayai d'arrêter le moteur en frappant sur la boîte de contrôle, mais j'étais maladroite et ne pus couper le courant. Les roues tournaient, l'infirmière criait et Rick riait d'un rire hystérique.

Comme punition pour avoir conduit avec témérité, on m'enleva pour un temps mes privilèges de conductrice et, quand je fus autorisée à reprendre la route, on m'imposa une limitation de vitesse.

Diana, Dick et Jackie me taquinèrent plusieurs jours à ce sujet. Leur brève visite s'était muée en un séjour de trois semaines, mais, finalement, ils durent s'en retourner vers l'Est. Ce fut à la fois un triste adieu et un au revoir plein d'espoir. Je leur promis d'être à la maison vers le 15 avril.

Avant de partir avec les autres, Dick me serra dans ses bras.

— Je veux que tu saches que je t'aime beaucoup ! Je me réjouis de te revoir en avril !

Un immense sentiment de sécurité m'envahit tandis que Dick me tenait, et je commençai à être plus optimiste quant à la possibilité de notre avenir. Peut-être pourrions-nous être de nouveau plus que des amis et retrouverais-je l'usage de mes mains. Dick et moi gardions l'espoir et ne priions pour rien d'autre. Après tout, il était possible que nous fussions tout de même destinés l'un à l'autre.

* * *

Autour du 15 avril 1969, j'avais atteint mon but en ce qui concernait ma rééducation physique et on m'annonça que je pouvais rentrer chez moi. Mais une sérieuse question restait encore sans réponse.

— Docteur ! J'ai travaillé dur pour retrouver l'usage de mes mains. Et maintenant, je commence à me demander si j'y arriverai jamais !

— Non, Joni ! Vous ne pourrez jamais vous servir de vos mains ! me répondit-il fermement. Il faut cesser d'espérer et vous habituer à cette idée.

Ces paroles étaient exactement l'opposé de ce que je désirais entendre, de ce que j'avais réclamé de Dieu. Je n'étais pas prête à accepter d'être une tétraplégique toute ma vie.

Ce n'était pourtant pas là une nouvelle très surprenante. Je suppose qu'au fond de moi-même, je la soupçonnais déjà. En même temps, j'avais continuellement espéré être mise au bénéfice d'une cure miraculeuse au Rancho los Amigos.

En larmes, j'écrivis à Dick une lettre l'informant de ce que le docteur m'avait dit.

« Pour une raison que nous ignorons, Dieu a choisi de ne pas exaucer nos prières. Dickie, je ne me servirai jamais de mes mains. Cela veut dire que je serai toujours dépendante et ne pourrai jamais être une épouse. Je sais que tu m'aimes comme je t'aime. Cependant, Dieu doit avoir autre chose en vue pour nous. Restons amis, Dickie. Mais je veux que tu te sentes libre de choisir d'autres amies. Rencontre des jeunes filles et demande à Dieu de te donner celle que tu dois épouser. Je ne pourrai jamais être cette femme. Je regrette, Dickie, mais je ne peux exiger que tu partages avec moi une situation sans espoir. Continuons nos relations sur le plan de l'amitié. »

Je ne signai pas « ta Joni », comme je le faisais d'habitude. Cette fois, j'écrivis simplement « Joni ».

Ce ne me fut pas facile de mettre un terme à mes relations avec Dick ; en réalité, j'avais peur de les rompre. Je l'aimais, je ne voulais pas le perdre, mais je savais que je ne pouvais pas me marier avec lui — pas maintenant. Ma paralysie était un fardeau bien trop lourd pour le placer sur ses épaules. Et un engagement sans la perspective d'un mariage n'eût pas été juste envers lui. Je fus submergée de chagrin quand je compris que je ne l'épouserais pas et sus que je devais cesser de penser aux promesses passées qui ne pouvaient ni ne devaient être tenues.

J'avais accepté de ne plus jamais marcher. Mais je m'étais imaginé arriver au moins à entrer dans les rangs des handicapés qui conduisent des voitures, préparent des repas, travaillent de leurs mains et entourent de leurs bras la personne qu'ils aiment. J'avais compté être capable de boire un verre d'eau, de me baigner, de me brosser les cheveux ! De petites choses, bien sûr, mais assez importantes pour marquer la différence entre une personne handicapée et celle qui est totalement dépendante.

Et voilà que, très lentement, la réalité de mon état m'apparaissait : je serais une tétraplégique *aussi longtemps que je vivrais*.

8

En revenant de Californie, je remerciai mollement Dieu pour le but, quel qu'il fût, qu'il poursuivait en ne me rendant pas l'usage de mes mains et en m'empêchant d'épouser Dick. Mais je redevenais cynique et doutais de la promesse de Romains 8. 28.

Mes parents étaient heureux de m'avoir à la maison, et j'étais contente d'y être. Cependant, intérieurement, j'étais amère et pleine de ressentiment contre Dieu qui n'avait pas exaucé mes prières et ne m'avait pas rendu mes mains.

Diana passait beaucoup de temps chez nous, pourvoyant à mes besoins, essayant de soutenir mon courage.

— Je sais, me dit-elle, qu'on t'a dit au Rancho los Amigos que tu ne pourras jamais marcher ni te servir de tes mains, mais tu ne dois pas abandonner la partie !

— Pourquoi pas ? répondis-je sombrement.

— Tu dois travailler avec ce qui te reste.

— Il ne me reste rien !

— Ne dis pas ça ! réprimanda Diana. J'ai vu aux Chênes verts et au Rancho des gens qui étaient vraiment dépourvus de tout : aveugles, sourds et muets. Quelques-uns avaient perdu l'esprit. Ils n'étaient presque plus que des végétaux. Il ne leur restait rien, à eux, Joni ! Mais toi, tu as ton intelligence, ta voix, tes yeux et tes oreilles ! Tu as tout ce dont tu as besoin. Et tu vas les faire travailler, si j'ai quelque chose à dire ! m'assura-t-elle.

— Nous verrons ! Nous verrons ! répondis-je.

Dick vint me voir et nos conversations furent embarrassées et tendues. Il n'avait jamais répondu directement à ma lettre. Il n'avait jamais dit :

— Oui, Joni, tu as raison ! Nous ne pouvons pas nous marier parce que je ne peux pas faire face aux difficultés que suscite ton handicap !

Finalement, un soir, il entama le sujet :

— Joni ! Peu importe si tu guéris ou non. Si tu ne guéris pas et que je sois assez heureux pour t'épouser, je serai le seul homme au monde auquel Dieu aura fait le cadeau d'une femme dans un fauteuil roulant.

— Comment peux-tu dire une chose pareille ? Le cadeau ?

— C'est certain ! Je te considère, toi et ton infirmité, comme une bénédiction particulière !

— Une bénédiction ? l'interrompis-je.

— Oui ! une bénédiction, parce que Dieu ne donne que de bonnes choses ! répondit Dick simplement.

— Non ! Dickie. Cela n'irait jamais ! Ma paralysie implique beaucoup de problèmes. C'est déjà presque trop pour moi ! Pense à ce que cela serait pour toi !

— Mais, en partageant le fardeau, il deviendrait plus léger pour chacun de nous !

— C'est romanesque, Dick, mais peu réaliste !

Dick gardait le silence. Il ne voulait pas accepter ce que je lui disais. Il n'avait que la vision de ce qu'il souhaitait, pas de ce que ce serait. Enfin, les yeux pleins de larmes, il sourit et fit un signe affirmatif :

— Tu as probablement raison. Peut-être que je ne serais pas à la hauteur de la situation... Peut-être en suis-je incapable.

128

Et sa voix se tut.

Plus tard, Dick se mit à fréquenter d'autres jeunes filles. Et souvent, il me les amenait. Il était tout content de ces occasions de me rendre visite.

* * *

Je me retirais en moi-même et dans la solitude du foyer. Après en avoir été si longtemps éloignée, j'appréciais la vieille maison avec tous ses souvenirs agréables. Et pourtant je n'y étais plus à l'aise, je me sentais une étrangère chez moi !

Cela provoquait une anxiété étrange, comme lors de la dépression qui s'était emparée de moi durant les mois cauchemardesques qui avaient suivi mon accident.

— Qu'est-ce qui se passe, chérie ? me demanda finalement mon père.

— Je... je ne sais pas, papa. Je suis triste, c'est tout, déprimée.

Père hocha la tête.

— Je ne sais pas si je pourrai jamais accepter ma paralysie ! Quand je crois m'être faite à ma condition, je me trouve tout à coup devant le vide.

— Prends ton temps, Joni ! Nous ferons tout ce qui est en notre pouvoir pour t'aider, tu le sais !

Ses yeux bleus étincelants et son visage souriant rayonnaient d'amour et d'encouragement.

Je soupirai profondément et dis :

— Je crois que ce qui m'affecte le plus, c'est le sentiment de mon inutilité ! Je regarde de tous côtés dans la maison, et je vois les choses que tu as fabriquées et créées. C'est vraiment triste de penser que je ne pourrai pas laisser un héritage comme le tien. Quand tu partiras, il nous restera des choses magnifiques, tes tableaux, tes sculptures, de l'art, enfin ! Et même les meubles que tu as exécutés ! Je ne peux rien faire de pareil. Je ne laisserai rien...

Père fronça les sourcils quelques instants, puis sourit de nouveau.

— C'est absolument faux, ce que tu penses ! Les choses faites avec les mains ne signifient rien. Il est plus important de se construire un caractère. De laisser quelque chose de soi-même. Tu vois ce que je veux dire ? On ne construit pas un caractère avec ses mains.

— Tu as peut-être raison, papa.

— Bien sûr que j'ai raison !

— Mais pourquoi Dieu permet-il tout cela ? Regarde notre famille ! Nous avons eu plus que notre part de chagrins — d'abord mon accident, ensuite le divorce de Jay, et maintenant la petite Kelly (ma nièce qui se mourait d'un cancer du cerveau). C'est si injuste ! m'écriai-je.

Papa posa les mains sur mes épaules et me regarda droit dans les yeux :

— Il se peut que nous ne connaissions jamais la raison de nos peines, Joni. Vois-tu, je ne suis ni ministre de l'Evangile, ni écrivain. Je ne peux pas expliquer exactement ce qui nous arrive. Mais, Joni, je dois croire que Dieu sait ce qu'il fait !

— Je ne sais pas, concédai-je.

— Ecoute ! Combien de fois avons-nous entendu quelqu'un prier pieusement — nous l'avons fait souvent nous-mêmes : « Seigneur ! Je suis un pécheur. J'ai mérité d'aller en enfer et de subir ta plus terrible condamnation. Merci de m'avoir sauvé ! » Dans un même souffle, nous disons à Dieu que nous ne sommes pas dignes de sa bonté. Et si nous nous trouvons dans quelque difficulté ou quelque souffrance, nous nous irritons et crions à Dieu : « Seigneur, pourquoi me fais-tu ça à moi ? » Tu comprends, Joni ? Je crois que, si nous admettons que nous méritons le pire — l'enfer — et que nous en goûtons tant soit peu en souffrant ici-bas, nous devons nous efforcer de nous accommoder de cette souffrance et vivre avec elle, ne crois-tu pas ?

— Penses-tu, papa, que j'aie mérité d'être paralysée et que Dieu me punit ?

— Naturellement pas, ma chérie. Ce point a été réglé à la croix. Je ne peux pas dire pourquoi il permet que ces choses arrivent. Mais je dois croire qu'il sait ce qu'il fait. Aie confiance en lui, Joni. Aie confiance !

— J'essaierai ! dis-je, guère convaincue.

* * *

Alors que le printemps se transformait en été, mon état d'esprit ne s'améliorait pas. J'avais attendu un miracle de Dieu au Rancho los Amigos. J'avais été certaine que je retrouverais l'usage de mes mains. En constatant que ce n'était pas le cas, je me sentais trahie. Dieu m'avait laissé tomber !

Aussi étais-je fâchée contre lui. Pour le lui faire sentir, je découvris la manière de l'écarter de ma vie, ainsi que le reste du monde. Je m'abandonnai à des *voyages* capricieux, dépressifs, fantaisistes. Je dormais tard pour rêver, ou sommeillais la plus grande partie de la journée afin de laisser courir mon imagination. En me concentrant très fort, j'arrivais à faire abstraction du présent et de la réalité.

J'essayais de revivre chaque détail d'expériences agréables accumulées dans ma mémoire. Je mettais toute mon énergie mentale à les refaire continuellement. Dans mon esprit, je cherchais à retrouver chaque plaisir physique que j'avais éprouvé : porter une paire souple de souliers usés, sentir les chaudes éclaboussures d'une douche, la caresse du vent sur mon visage, le soleil d'été sur la peau. La nage. L'équitation. Le petit craquement de la selle de cuir sous mes cuisses. Aucun de ces plaisirs simples n'était mauvais en soi, mais je m'en servais pour éloigner Dieu.

Un jour, j'étais au ranch, notre ferme familiale à Sykesville, assise dehors dans mon fauteuil roulant. Les amis qui étaient venus me rendre visite avaient sellé les chevaux et étaient partis pour une promenade sur la piste. Je me prenais en pitié, comparant leur sort au mien. Les chauds rayons du soleil brillaient à travers les branches des grands chênes et dansaient en formant de gais dessins sur l'herbe luxuriante à leurs pieds. Je fermai les yeux et revis un jour semblable, deux ans plus tôt. Dans mon rêve éveillé, je me retrouvais avec Jason, nous chevauchions vers la forêt, traversant les prairies parfumées et nous arrêtant en un endroit solitaire. Je savourais le souvenir de plaisirs sans contrainte, d'excitations et de satisfactions sensuelles, des choses qui ne m'étaient pas permises alors et que je n'aurais pas dû faire revivre maintenant.

Quand le Saint-Esprit me montra ma faute, je me révoltai davantage encore.

— Quel droit as-tu de me dire que je ne dois pas me remémorer ces choses ? C'est toi qui m'as amenée où j'en suis ! J'ai bien le droit d'y penser ! Je ne goûterai plus jamais à ces sensations et à ces joies ! Tu ne peux pas m'enlever mes souvenirs !

Mais plus je pensais à ces expériences et à d'autres, plus je m'écartais de Dieu. Je ressentais de la frustration et de l'amertume, je blâmais Dieu de ce désir de fuite.

J'essayai de savourer par la pensée d'autres plaisirs et d'autres épisodes. Je me rappelais ce que j'éprouvais dans la piscine, lors d'une visite chez des amis. La volupté d'être mouillée alors que je glissais dans les eaux claires. Les bonds du fond à la surface avec l'afflux d'air frais dans mes poumons et sur mon visage. L'effet des cheveux humides sous ma nuque quand je prenais un bain de soleil sur le ciment et l'eau tiède dégoulinant le long de mes bras et de mes jambes en petites perles qui me chatouillaient la peau.

Oui, j'étais fâchée contre Dieu. J'aurais voulu ressusciter chaque petit plaisir physique dans ma mémoire et le lui lancer avec amertume. Je ne pouvais accepter le fait — la volonté de Dieu, comme on disait — que je ne ferais ni ne sentirais jamais plus ces choses-là. Extérieurement, je maintenais une façade de gaieté. Intérieurement, j'étais en pleine rébellion.

Les voyages de mon imagination devenaient toujours plus longs et fréquents. Et quand j'étais à court de souvenirs offensants pour Dieu, je faisais de nouvelles inventions. Je multipliais de sauvages et passionnées fantaisies sexuelles qui, je le savais, lui déplaisaient infiniment.

* * *

Diana vint vivre chez nous, cet été-là. Au début, elle ne s'aperçut pas de mes *voyages*. Puis elle devina que mes accès de dépression échappaient à mon contrôle, comme si j'avais été en transe.

— Joni ! Arrête ! Réveille-toi ! me cria Diana un jour.

Elle me secoua violemment les épaules. Lentement, je revins à la réalité.

— Quoi ?

— Joni ! Que se passe-t-il ? Je t'ai parlé et tu regardais dans le vide plus loin que moi ! Es-tu malade ?

— Non ! Laisse-moi tranquille ! Je veux rester seule.

— Ça ne t'aidera pas d'éviter la réalité, m'avertit Diana. Tu dois voir la vérité en face. Et pas l'exclure de ton existence. Le passé est mort, Joni. Mais toi, tu vis !

— Tu trouves ? répondis-je cyniquement. Ça ne s'appelle pas vivre.

A maintes reprises, elle m'arracha à mes voyages fantaisistes mais, tout aussi fréquemment, je repartais. J'appris que faire un somme dans une chambre obscurcie, avec un ventilateur en marche, était mon meilleur moyen d'évasion. Le bourdonnement d'un appareil de climatisation agissait sur moi comme un son hypnotique qui m'excluait du monde ; très vite, j'entrais en transe, retrouvant des sensations et des plaisirs du passé.

Finalement, je compris que mes accès de colère et de rébellion contre Dieu ne me conduisaient à rien. Je vis que c'était là ma manière de pécher. Avant mon accident, le péché consistait dans les choses que je faisais. Maintenant, je n'avais plus l'occasion de traduire en actions des pensées coupables. Je finis par saisir que le péché était une attitude aussi bien qu'un acte. Avant l'action, l'esprit façonne les pensées et les attitudes qui deviennent la base de notre rébellion contre Dieu. La colère, la convoitise et la révolte, tout en n'étant *que* des attitudes, étaient des péchés en elles-mêmes. Le péché, ce n'était pas seulement toutes les mauvaises choses que j'accomplissais, mais il faisait partie intégrante de mon moi. Bien que je n'eusse plus l'occasion de me rebeller physiquement contre Dieu, je n'en péchais pas moins. C'était dans ma nature.

Je savais que j'étais ce que Paul décrit comme *charnel* en opposition à ce qui est *spirituel*. Je me trouvais dans une situation impossible : malheureuse et incapable de plaire à Dieu et à moi-même. *Car l'affection de la chair est inimitié contre Dieu, parce qu'elle ne se soumet pas à la loi de Dieu, et qu'elle ne le peut même pas. Or, ceux qui vivent selon la chair ne sauraient plaire à Dieu* (Romains 8. 7-8). Ni à eux-mêmes, me rappelais-je. Mes crises de dépression et mes évasions par l'imagination ne faisaient rien d'autre que me jeter dans le désarroi.

Je ne voyais pas ce que Dieu voulait me montrer, mais je priais : « Seigneur ! Je sais maintenant que tu as un plan pour ma vie. Seulement, j'ai besoin d'aide pour comprendre ta volonté. J'ai besoin de secours pour connaître ta Parole. S'il te plaît, Seigneur, fais quelque chose dans ma vie pour m'aider à te servir et à connaître ta Parole ! »

9

C'était l'été 1969, deux ans après mon accident. Je réfléchissais à tout ce qui m'était arrivé pendant ces deux années incroyables. En faisant l'inventaire de ma vie spirituelle, je découvrais qu'elle consistait surtout en fantastiques hauts et bas, mais plus particulièrement en bas. En fait, je sortais de la plus terrible dépression que j'eusse traversée. Si je ne recevais pas d'aide et de conseils d'une personne mûre, je savais que je retomberais de nouveau. Ce n'était qu'une question de temps.

En rééducation, j'avais fait autant de progrès que cela était physiquement possible. Il était évident désormais que je ne remarcherais pas et ne retrouverais jamais l'usage de mes mains. J'étais à tout jamais paralysée de la nuque aux pieds, incapable de pourvoir même à mes besoins personnels. Je dépendrais toujours des autres pour tout confort physique et toute fonction.

Cette dépendance suffisait déjà pour déclencher une nouvelle phase d'apitoiement sur moi-même. Je parlai de mes soucis à Diana.

— J'ai un terrible sentiment de désespoir et d'inutilité, Diana ! lui expliquai-je. Je prie que le Seigneur fasse quelque chose dans ma vie pour me montrer qu'elle a un sens.

— J'ai aussi prié pour cela, Joni ! me répondit-elle, et elle ajouta : Tu sais, je vais t'amener un ami...

— Qui ? Pourquoi ?

— Steve Estes. Tu ne le connais pas, mais il est absolument à l'opposé de toi quant aux choses spirituelles. Il aime le Seigneur et sa connaissance des Ecritures te viendra sûrement en aide.

— Bien sûr ! dis-je sans grand enthousiasme.

— C'est un jeune homme. En fait, il est encore à l'école supérieure.

— A l'école supérieure ? Diana ! Mais... c'est un gamin !

— Non ! Ne juge pas. Attends de le connaître.

Steve Estes vint à la maison ce même soir et, à l'instant où il franchit le seuil, il fit voler en éclats toutes mes idées préconçues sur lui. Steve dominait de haut mon fauteuil roulant et ses yeux verts perçants communiquaient immédiatement une impression de chaleur et de franchise. Dans la conversation qui suivit, il me mit entièrement à l'aise. Il se dégageait de lui une évidente maturité et une confortable assurance. Une des premières choses qui me frappa fut son attitude détendue à mon égard.

Nombreuses sont les personnes qui, me voyant pour la première fois, semblent gênées devant le fauteuil. Il les intimide ou provoque leur pitié. Il leur faut généralement plusieurs visites et conversations pour l'oublier et agir librement. Malheureusement, il y en a qui n'arrivent jamais à ce point-là, ce qui fait que, de mon côté, je me sens aussi embarrassée.

Cependant, Steve était complètement à l'aise, ce qui me permettait de l'être également. Il parlait vite, s'exprimait avec des gestes animés et semblait s'enflammer pour tout. Dans notre conversation, il me fit part de ses concepts bibliques — des idées enthousiasmantes pour lui et stimulantes pour moi.

— Joni ! dit-il sérieusement. N'est-ce pas extraordinaire

ce que Dieu fait aujourd'hui dans la vie de différentes personnes ?

Quoi ? Qui ? Où ? J'étais trop désarçonnée pour poser les questions qui me venaient à l'esprit. Peu importait ! Steve y répondait de lui-même.

— Les adolescents font des expériences fantastiques à *Jeune vie*. Et dans notre église, nous avons vu l'Esprit de Dieu réveiller un nombre étonnant de personnes. Un couple était à la veille du divorce. Dieu les a unis à nouveau. Un jeune était en plein dans la drogue et Christ l'a sauvé. Une jeune fille que je connais vivait dans un état moral déplorable, le Seigneur l'en a sortie. Il faut la voir aujourd'hui !

Les histoires se succédaient comme un tir rapide et je commençai à voir une nouvelle réalité dans la puissance de Dieu. Le Christ avait travaillé dans des vies, et la vérité et le sens de tout cela débordaient dans l'expérience de Steve et dans la mienne à travers les récits qu'il en faisait.

Steve lui-même avait vu Dieu manifestant son amour et sa puissance. Sa foi, son énergie, sa maturité spirituelle étaient visiblement les qualités qui le rendaient si différent de moi. Il rayonnait de confiance, d'amour pour Christ et de certitude de succès. Je trouvais extraordinaire qu'un garçon de seize ans pût posséder tant de perspicacité spirituelle et de sagesse. A l'âge de vingt ans, je n'en étais pas encore là. Il y avait en lui quelque chose, une qualité de vie que je souhaitais posséder. La confiance, l'équilibre et l'autorité le caractérisaient. C'était d'une manière convaincante qu'il parlait du Seigneur et de la force tranquille qu'apporte la foi en Christ.

— Steve ! Ce que tu dis est pour moi comme une nouvelle vérité, toute fraîche ! lui dis-je, excitée. Reviens, s'il te plaît, et parle-moi davantage de ces choses !

— Bien sûr, je reviendrai avec plaisir !

— Peux-tu m'aider à acquérir ce que tu possèdes ? Je

suis chrétienne, mais il y a tant de choses que j'ignore encore concernant le Seigneur ! Tu as tellement plus de connaissances spirituelles que moi !

— Joni, que dirais-tu si je venais chaque mercredi étudier la Bible avec toi ? suggéra-t-il.

— Ce serait merveilleux ! répondis-je.

Diana sourit et fit un signe d'assentiment :

— Je serai aussi là, et peut-être que Jay et d'autres voudront se joindre à nous. Vous êtes d'accord ?

— Naturellement ! dit Steve en souriant.

C'était étrange ! Un garçon de seize ans projetant d'enseigner un groupe de jeunes adultes sur la foi chrétienne ! Cependant, personne ne mettait en doute son autorité et sa capacité. Déjà alors, il avait l'éloquence et le charisme d'un chef spirituel, d'un ministre de l'Evangile. Chacun le respectait et se soumettait à ses qualités de conducteur.

Steve était heureux du défi qui lui était lancé. Il disait :

— Joni, je me sens vraiment bien chez toi. C'est comme une retraite. L'atmosphère me rappelle celle de l'Abri chez Francis Schaeffer, en Suisse.

Il sentait que moi et quelques autres parmi nous n'avions pas encore assimilé certaines doctrines de base : le caractère de Dieu, la divinité de Jésus-Christ, le péché, la repentance et le salut, et ces sujets devinrent le centre de nos études bibliques hebdomadaires.

— Dans l'épître aux Ephésiens, expliquait-il, Paul déclare que nous avons un héritage fantastique : Christ nous a *choisis* avant même de créer le monde. Il nous a créés, à son image, dans un dessein particulier. Dieu veut que nous croissions et excellions, que nous réussissions. Beaucoup de personnes sont dans la confusion en ce qui concerne la vraie spiritualité. Si quelqu'un connaît un grand nombre de versets bibliques, il est souvent considéré comme spirituel. Mais une connaissance intellectuelle de la vérité n'est pas de la spiritualité. La vraie spiritualité consiste à mettre en pratique la Parole de Dieu — à rendre la vérité vivante en accomplissant effectivement ce qu'elle dit, et pas seulement en la montrant comme un bel idéal.

En entendant Steve nous exposer la doctrine biblique, je commençai à voir la superficialité de ma foi et de ma spiritualité. Les hauts et les bas de ma vie chrétienne auraient pu être notés aussi aisément et exactement que mes progrès physiques. Peu à peu, je souhaitai vaincre ces fluctuations. Je commençai à vouer mon attention aux principes spirituels et à les laisser diriger ma vie.

Seule avec Dieu, je me rappelai comment je m'étais éloignée de la réalité et combien souvent j'avais tourné le dos au Seigneur. Je confessai :

— Seigneur, j'ai eu tort, tort d'essayer de te fermer la porte. Pardonne-moi, mon Dieu ! Merci pour cette nouvelle compréhension de ta Parole que Steve nous apporte ! Je t'en prie, pardonne-moi et ramène-moi à toi, à la communion avec toi.

Le Saint-Esprit commença par me convaincre, puis il m'enseigna. Chaque semaine, la vérité devenait plus réelle et je cherchais à voir la vie dans la perspective de Dieu.

J'appris que la Parole de Dieu est un manuel de vie sensée et raisonnable ; elle ne donne pas d'instructions sans motifs.

Je vis, en fait, que Dieu veut nous avertir. Dans les Ecritures, par exemple, les relations sexuelles hors mariage sont coupables. Il semble qu'il y ait bien plus d'avertissements dans la Bible concernant le mal sexuel qu'à l'égard d'autres formes de péché, telles que la médisance, l'envie, le mensonge et la colère. De ces choses, la Bible dit : *Résistez au diable* (Jacques 4. 7), autrement dit : Soyez fermes et remportez la victoire sur ces fautes. Mais pour la sexualité et la sensualité, la Bible dit : *Fuyez !* (1 Corinthiens 6. 18).

Si j'avais été obéissante et n'avais pas cédé à la tentation, je n'aurais pas été tourmentée par des désirs ardents qui, maintenant, ne pourraient plus être assouvis. C'était comme une soif inextinguible. Même en tournant le dos à la réalité et en revivant ces expériences dans mon imagination, ce ne serait plus jamais pareil. Elles n'étaient que des ombres sans consistance et sans satisfaction.

J'avais appris quelques pénibles leçons de mes relations avec Jason. J'en récoltais maintenant les conséquences. Si j'étais tourmentée, ce n'était pas parce que j'avais commis quelque chose de laid et de répugnant. Au contraire, l'amour physique est beau. Pourtant Dieu sait comment il peut frustrer et déchirer en dehors des liens du mariage. Mes souvenirs réveillaient ma convoitise. Je connaissais d'autres filles qui avaient versé des larmes amères pour les mêmes raisons. Elles avaient découvert que la culpabilité et les remords pour des relations sexuelles en dehors du mariage assombrissent et ruinent des vies qui auraient pu être heureuses et bouleversent des foyers faits pour le bonheur.

Mais maintenant, avec l'aide et le pardon de Dieu, je me repentais et laissais tout cela derrière moi. Je le priais de me donner sa direction et la force mentale de penser comme lui et ne pas me vautrer dans la pitié envers moi-même ni dans les souvenirs voluptueux et les fantasmes.

Je pris la résolution d'oublier le passé une fois pour toutes et de me consacrer au présent, en me confiant dans l'assurance que le Seigneur éloigne de nous nos péchés pour toujours : *Autant l'orient est éloigné de l'occident, autant il éloigne de nous nos transgressions* (Psaume 103. 12).

Je décidai aussi de me séparer autant que possible de nombreux souvenirs. Je donnai mes chères cannes de hockey, vendis mon cheval, Gringalette, et me séparai de tous les autres objets qui me liaient encore aux temps révolus.

Ensuite, je fus bien obligée de mettre toute ma confiance

en Dieu. Je n'avais pas d'autre solution que de le remercier pour ce qu'il allait faire de mon avenir.

Lorsque je commençai à prier et à vivre dans sa dépendance, il ne me déçut pas. Auparavant, j'aurais dit : « Seigneur, je veux faire ta volonté — et ta volonté est que je retrouve l'usage de mes pieds ou, tout au moins, celui de mes mains. » Je décidais moi-même de ce que sa volonté devait être et je me rebellais quand les choses ne se passaient pas comme je l'avais souhaité.

Maintenant, je pleurais tous les mois perdus, ces mois remplis d'amertume et de révolte. Je priais pour comprendre sa volonté dans ma vie. Quelle était-elle, cette volonté ? Pour la découvrir, il fallait que je croie que tout ce qui m'était arrivé était une partie importante de son plan. Je lisais : *Rendez grâces en toutes choses, car c'est à votre égard la volonté de Dieu.* La volonté divine était donc que je sois reconnaissante pour tout ? Très bien ! Je le crus aveuglément. Je remerciai le Seigneur pour ce qu'il avait fait et ce qu'il ferait.

Comme j'approfondissais les instructions positives de la Bible, je n'avais plus besoin de m'évader de la réalité. Les sentiments ne me paraissaient plus importants. Mes rêves de sensations physiques ne m'étaient plus nécessaires parce que j'avais appris que je n'en étais privée que temporairement. La Bible nous dit que nos corps sont temporels. Par conséquent, ma paralysie l'était aussi. Quand ma vision se porta sur cette perspective éternelle, toute ma souffrance d'occuper un fauteuil roulant me parut ridicule.

Steve me montra dans la Bible d'autres preuves que le point de vue de Dieu est différent du nôtre. Dans l'épître aux Hébreux (12. 1), nous sommes encouragés à endurer l'existence avec patience. La deuxième épître aux Corinthiens (5. 1-5) nous rappelle que nos corps sont la demeure provisoire de notre esprit et de notre personnalité. Philippiens 1. 29 dit que nous sommes appelés à souffrir pour lui, peut-être même la *fournaise* selon le mot employé par l'apôtre Pierre : *Bien-aimés, ne soyez pas surpris, comme d'une chose étrange qui vous arrive, de la fournaise qui est au milieu de vous pour vous éprouver. Réjouissez-vous, au contraire, de la part que vous avez aux souffrances de Christ, afin que vous soyez aussi dans la joie et dans l'allégresse lorsque sa gloire apparaîtra* (1 Pierre 4. 12-13). Steve me faisait parcourir les Ecritures afin de m'aider à placer ma peine dans cette optique.

— Ceux qui souffrent, expliquait-il, devraient avoir pour seul objet de faire ce qui est bien et de remettre leur vie et leur âme aux soins de Dieu. Nous devons tous le faire, mais la Bible insiste sur le fait que ceux qui souffrent de dures épreuves, eux surtout, devraient vivre pour Christ.

Dans mes rêveries, j'avais cherché à retrouver les expériences passées parce que je voulais éviter le présent. Cependant, même le présent n'est pas une véritable réalité. Il y aura pour nous, un jour, une existence qui sera l'ultime en réalité et en expérience, et nous ne pouvons comprendre cela que par la foi. Ce que nous voyons par la foi, c'est la grande réalité.

Tous nous apprenions et grandissions spirituellement par les études que dirigeait Steve dans notre foyer et qui se prolongeaient tard dans la soirée. Diana continuait de vivre chez nous et retourna à l'université en automne pour étudier la psychologie. Un des trucs qu'elle apprit à ses cours fut celui de jouer des rôles afin de mieux comprendre les autres dans leurs diverses situations.

Un soir, après notre étude, nous échangeâmes nos rôles pour quelques instants. Diana et moi occupâmes la place l'une de l'autre. Quelqu'un me porta sur le divan, tandis que Diana s'asseyait dans le fauteuil roulant.

— Vous savez, c'est curieux ! remarqua Diana comme si c'était moi qui parlais. Vous, vous avez l'air d'avoir peur du fauteuil. Chacun garde ses distances. On dirait qu'il y a autour de la chaise un espace que personne n'a envie de franchir.

— C'est intéressant ! dis-je. Je pensais justement combien les gens paraissent moins embarrassés quand je suis assise sur le divan !

Nous discutâmes du fauteuil et de ce qu'il représentait pour différentes personnes. La réaction typique des inconnus était une condescendance envers l'infirme, qui leur paraissait inférieur. Je suppose, comme je l'ai déjà dit, qu'il y a des gens qui croient que, si l'on est physiquement handicapé, on est aussi mentalement déficient !

Diana, Jay et Dick étaient tellement habitués à mon fauteuil qu'ils prenaient une attitude désinvolte. Tellement désinvolte qu'ils faisaient souvent un jeu de nos promenades. Ils me poussaient d'une main ou lançaient le véhicule en avant et marchaient ensuite à côté. Ils le faisaient souvent pour réagir contre l'attitude de certaines personnes à la vue d'un fauteuil roulant. Par exemple, le fauteuil a à peu près soixante centimètres de large mais, sur les trottoirs, elles laissent entre le véhicule et elles une place assez large pour une automobile. Leur subtile maladresse ne fait qu'ajouter à la confusion de l'invalide. Il se sent trop gros et gênant. Souvent, les gens nous dévisagent sans le vouloir, surtout si, à leur avis, le fauteuil roule trop vite. Apparemment, l'opinion populaire exige qu'une personne assise dans un fauteuil roulant soit traitée comme un lot de précieuses antiquités !

Des femmes âgées se sont fréquemment approchées de moi dans un grand magasin ou dans la rue, gloussant doucement des paroles de pitié.

— Oh ! Pauvre, chère, brave, brave fille !

J'ai souri poliment. Mais j'avais envie de leur dire ce que je ressentais vraiment. Et ce n'était ni aimable, ni charmant !

Cependant, je me mis d'accord avec moi-même sur ce

point. Si les autres avaient des problèmes au sujet de mon fauteuil, je ferais tout mon possible pour les mettre à l'aise.

Aux études bibliques, je demandais à Dick de m'installer sur le divan. Hors de vue, le fauteuil n'intimidait plus personne. Assise, mes jambes reposant sur une ottomane, je paraissais *normale*.

Ce qui commença comme un simple exercice pratique de psychologie devint pour moi une habitude. Je jouissais d'être, de cette manière, une personne parmi les autres et j'étais heureuse que l'ambiance fût ainsi plus agréable.

Diana essaya un autre procédé dans le jeu des rôles. Cette fois, je vis ma situation avec les yeux des autres. Elle était assise dans le fauteuil et moi sur le divan.

— Joni, j'aimerais un verre d'eau ! dit Diana, faisant semblant d'être infirme.

Jouant son rôle, je m'aperçus de quelque chose que je n'avais jamais remarqué. Sa demande me dérangeait.

— Zut ! Je suis vraiment emballée par ce programme de télévision. Ne peux-tu pas attendre la publicité ? demandai-je.

— Eh bien... je pense que oui ! soupira Diana.

Chacun sourit d'un air entendu.

— Est-ce que je suis vraiment ainsi ? Eh bien, ma parole, je regrette ! Je suis joliment égoïste sans le savoir. Je tâcherai d'avoir plus d'égards pour vous autres, dorénavant.

Sortir du fauteuil roulant me donnait aussi de la confiance en moi-même comme femme. Dans le fauteuil, je me sentais souvent raide et embarrassée, tandis qu'assise sur le divan, j'étais détendue. Un soir, alors que nous regardions la télévision, Dick posa sa tête sur mes genoux. Je réussis à dégager mon bras de la bretelle qui le retenait et caressai ses cheveux de la main. Naturellement, je ne sentais absolument rien, mais Dick, lui, le pouvait. Il était heureux d'être l'objet de l'attention d'une jeune fille glissant ses doigts dans sa chevelure.

Ces agréables instants d'étude étaient assombris par la maladie de Kelly. Elle s'affaiblissait de jour en jour. Mais à mesure que je grandissais en foi et en connaissance, j'acceptais plus facilement son état, comme le mien.

Steve continuait à nous rendre visite, parfois plusieurs soirs dans la semaine. Son enseignement de la simple vérité doctrinale, basé sur la Bible, faisait partie de ma vie. Auparavant, j'avais accepté la doctrine sans guère me poser de questions. Mais elle n'était pas intégrée dans mon expérience spirituelle. La vérité n'avait pas encore été mise à l'épreuve. Lors de la dépression qui m'avait secouée aux Chênes verts, j'avais examiné d'autres points de vue philosophiques et théologiques. Il ne m'était plus possible d'accepter la doctrine aveuglément ; mais quand j'interrogeais, les réponses m'étaient données. Steve expliquait la vérité biblique de telle manière que c'était comme si le Seigneur me parlait directement.

Je vis en l'entrée de Steve dans ma vie la réponse précise à ma prière désespérée, juste avant de faire sa connaissance.

Nous discutions de la seconde venue de Jésus-Christ. J'appris que Jésus reviendrait sur la terre et que je posséderais alors un corps tout neuf. Christ me donnerait un corps glorifié qui pourrait faire tout ce que je faisais auparavant, et probablement bien davantage. Le jour viendrait où j'aurais à nouveau des sensations ! *Je ne serai pas toujours paralysée.*

Cette nouvelle perspective rendait désormais inutiles mes rêveries et mes voyages imaginaires.

Steve me vint également en aide pour mettre fin aux hauts et bas successifs de mes progrès spirituels. Il lut dans Colossiens 3 : *Affectionnez-vous aux choses d'en haut, et non à celles qui sont sur la terre !* Puisque j'avais la certitude d'avoir un jour un corps transformé, il me devenait facile de fixer mes désirs sur les choses célestes et éternelles. J'avais perdu les choses temporelles, l'usage de mon corps terrestre, aussi acceptais-je avec joie cette espérance. Quoique *condamnée à* un fauteuil roulant, je savais qu'un jour j'en serais libérée.

— Steve ! lui dis-je. Je commence à voir mon fauteuil davantage comme un outil que comme une tragédie. Je crois que Dieu va m'enseigner quelque chose de plus à ce sujet.

Steve me montra comment mettre en pratique la Parole de Dieu et agir en accord avec ses promesses et ses commandements. Je lisais quelque chose dans la Bible et, consciemment, je pensais : C'est la volonté de Dieu ! Intellectuellement, je comprenais cette nouvelle vérité. Mais j'avais à la mettre à l'épreuve, je devais la prouver par ma propre volonté en disant : Oui ! C'est la volonté de Dieu, et en ajoutant : pour moi !

Je lui disais :

— Seigneur, je me confie en toi pour que tu me fasses traverser tout cela victorieusement.

Les Ecritures prenaient un sens personnel. Job avait souffert ; de ce fait, il pouvait me parler d'une façon convaincante au sujet de mes propres besoins. Jérémie aussi avait souffert, et j'appris également beaucoup de lui. Puisque Paul avait été battu, avait fait plusieurs fois naufrage, avait enduré la prison, la maladie, je pensais aussi à ses souffrances. Je commençais à voir ce que la Bible appelle la communion des souffrances.

J'appris par cœur des textes de l'Ecriture qui avaient un sens important pour moi. De comprendre ces passages qui répondaient à mes besoins m'aida à me confier plus pleinement en Dieu, par ma volonté et par ma vie. Même quand survinrent des temps de détresse ou de désespoir, je pus me consoler par la pensée qu'*il sait ce qu'il fait*, comme disait souvent papa.

En mémorisant les promesses divines, j'appris que le Seigneur mettrait un terme à la discipline de cette école de souffrance, mais au moment qu'il jugerait bon. L'apôtre Paul a écrit que l'essentiel est la poursuite du combat. Même lui, au sommet de sa vie et de son engagement, admettait qu'il n'avait pas encore atteint la perfection. *Il est probable* — pensais-je — *que mes souffrances et mon perfectionnement dureront toute ma vie. Ils ne cesseront qu'à mon départ pour être toujours avec Christ.*

J'avais beaucoup à rattraper. Si ma vie devait avoir un sens, il fallait que j'apprenne tout ce qu'il m'était possible, non seulement au sujet des vérités spirituelles, mais aussi dans d'autres domaines. J'avais à trouver un moyen d'apporter ma contribution à la société.

Diana et Jay étaient résolues à m'aider à me remettre en circulation dans le monde extérieur. Rencontrer des gens, aller dans divers lieux, tout cela était rafraîchissant et stimulant. Maintenant bien à l'aise dans mon fauteuil, je m'étais habituée aux regards insistants et aux maladresses des gens. Etre en plein air, cet été-là, fut une délicieuse expérience pour mes sens. Enfermée pendant deux ans dans différents hôpitaux, j'avais presque oublié tout ce que l'on peut voir, entendre et respirer dans la nature. Mais le choc sensoriel me fatiguait vite et j'étais obligée de me reposer après mes promenades.

Steve m'encouragea à parler de ma nouvelle compréhension des choses. Il me demanda de témoigner de ma foi et de mon expérience chrétienne dans un groupe de jeunes de son église. L'idée de m'adresser à quinze adolescents me terrifiait. La timidité était alors ma tendance naturelle ; aussi, lorsque le moment arriva, étais-je vraiment nerveuse. Regardant ces visages pleins d'assurance, j'étais presque pétrifiée.

— Je... hum... Je suis Joni Eareckson... et ... hum... (J'eus un blanc).

Qu'est-ce qu'on attendait que je dise ?

Les jeunes, polis, ne ricanèrent pas.

— Je... je... hum... je désire vous dire... hum... ce que Christ est pour moi. Hum... vous savez... Il est très, vraiment très réel pour moi. J'ai... hum... beaucoup de difficultés... mais je... hum... Mais il a toujours été fidèle. Et... hum... j'espère que vous le connaissez comme je le connais !

Ma gorge était sèche, mon visage cramoisi et je ne savais comment poursuivre ; alors je baissai les yeux et me tus.

Après une pause embarrassante, Steve reprit ce que j'avais dit. Il réussit à réunir mes pensées et à leur donner une signification. Soulagée, j'admirai la manière dont il avait redressé la situation.

Plus tard, je lui dis fermement :

— Jamais plus, tant que je vivrai, je ne referai une chose semblable !

— Bêtise ! rétorqua Steve. Tu as seulement besoin d'expérience. J'ai éprouvé la même chose la première fois qu'un ami m'a demandé de donner mon témoignage dans une réunion évangélique, au coin d'une rue !

— Vraiment ?

— Je n'ai fait que bégayer. Je croyais que ma langue était enflée !

— Mais je n'ai pas ton don de la parole, ni ta présence d'esprit. Je ne peux pas !

— Tu devrais aller à l'université, dit-il en me tapotant gentiment le genou. Tu pourrais suivre des cours à l'université de Maryland. Ils ont là-bas un certain nombre de handicapés. Il n'y aurait pas de difficulté ! suggéra Steve.

— Hum... Peut-être as-tu raison !

Il sourit et hocha la tête.

— Bon ! concédai-je. Si Jay et Diana veulent bien m'aider, j'irai à l'université l'automne prochain.

* * *

En septembre, je commençai à assister à quelques cours universitaires. Jay ou Diana m'accompagnaient et prenaient des notes à ma place. Je suivais les cours d'interprétation orale, de diction et d'art de parler en public. Mes discours avaient pour sujets des choses que je connaissais bien et dont je pouvais discuter aisément : les handicapés, l'acceptation du fauteuil roulant, mon expérience chrétienne.

Lentement, j'acquis de l'assurance, surtout quand je vis que les gens s'intéressaient à ce que je disais. Au fond de moi-même, je comprenais que Dieu me préparait ; qu'un jour je pourrais utiliser ce que j'apprenais.

En même temps, je commençai à saisir la vérité spirituelle de bien des façons pratiques. Cette nouvelle compréhension me donna la victoire sur les péchés d'antan, sur la tentation et sur la dépression. Dieu me donna le moyen de tenir en bride ma nature pécheresse en me faisant comprendre l'importance de sa réalité et du présent.

Les fantaisies de mon imagination prirent fin. Pour toujours. Avec le plein accomplissement des promesses divines, je n'avais plus besoin de revivre le passé. Mon corps n'éprouvait plus le besoin de sensations qu'autrefois je considérais comme tellement importantes. Dieu m'avait conduite au-delà de la nécessité de sentir et de toucher. Cependant, il m'accordait, dans la mesure du possible, de jouir de choses telles que la douceur sur la joue d'un pullover en cachemire, l'étreinte de quelqu'un que j'aimais, le rassurant balancement d'un fauteuil à bascule et les sensations qu'il me donnait chaque fois que je me trouvais en plein air : le vent, le soleil, et même la pluie sur mon visage. Et j'étais reconnaissante de tous ces dons.

10

En février 1970, ma petite nièce Kelly mourut de la tumeur au cerveau qui l'avait fait souffrir constamment depuis une année. Sa mort souligna pour moi l'importance de chaque âme humaine.

Je commençais justement à être dans un état d'esprit plus positif ; aussi les progrès de Kelly dans la foi, bien qu'elle n'eût que cinq ans, m'encouragèrent-ils et me furent-ils utiles lorsque je constatai la réalité de l'amour et de la puissance de Dieu à l'œuvre dans sa courte vie. Sa tragédie resserra les liens de la famille et nous amena plus près de Dieu.

Nous avions tous accepté le départ inévitable de Kelly et nous étions en paix. Cela ne nous empêchait pas d'être terriblement tristes de la perdre et de nous poser parfois la question : « Pourquoi, Seigneur ? »

La mère de Kelly, ma sœur Linda, fut celle qui eut le plus de peine. Peu après le début de la maladie de l'enfant, le mari de Linda l'avait quittée et ils avaient divorcé. Elle resta seule avec ses deux fils et Kelly condamnée. Son monde s'effondrait et, pendant longtemps, elle ne put en prendre son parti.

Par le décès de ma nièce et ma propre paralysie, je

devais apprendre qu'il ne faut pas chercher à deviner les motifs de Dieu. *Pourquoi, Dieu ?... Pourquoi Kelly devait-elle mourir ? Pourquoi suis-je paralysée ? Pourquoi cette autre personne est-elle en vie et en bonne santé ?* Il n'y avait pas d'autre raison que le plan global de Dieu.

Nous ne sommes pas toujours responsables des circonstances dans lesquelles nous nous trouvons. Cependant, nous le *sommes* de la manière dont nous réagissons. Nous pouvons sombrer dans la dépression et le désespoir qui mènent au suicide. Ou, au contraire, regarder vers un Dieu souverain qui tient toutes choses en mains et peut utiliser nos expériences pour notre bien, en nous transformant à l'image de Christ (2 Corinthiens 3. 18).

C'était Dieu qui préparait les circonstances. Il s'en servait pour démontrer ce qu'il était, et éprouver ma loyauté. Tous n'avaient pas ce privilège. Je sentais qu'il n'y avait que peu de personnes dont Dieu s'occupât si spécialement en leur faisant confiance dans ce genre d'épreuve. Cette compréhension me laissa détendue et paisible, comptant sur son amour et m'exerçant à cette foi nouvellement apprise. Je vis que mon accident n'était pas une tragédie, mais un don que Dieu employait pour me rendre conforme à l'image de Christ, pour aboutir à ma parfaite satisfaction, mon bonheur, ma joie.

Dans l'une de nos sessions d'étude, Steve compara mon expérience à celle de l'apôtre Paul :

Je veux que vous sachiez, frères, que ce qui m'est arrivé a plutôt contribué aux progrès de l'Evangile (Philippiens 1. 12).

Je réfléchissais à cette vérité, un soir que Steve traversait la chambre pour attiser le feu de la cheminée. Il me rappela :

— Joni, ce qui t'arrive fera avancer la cause de Dieu ! Paul a souffert dans les chaînes de sa prison ; toi, dans ta chaise. Tu peux te réjouir de tes souffrances, parce qu'il te permet de souffrir pour lui.

Steve s'assit sur la chaise rembourrée et se mit à feuilleter sa Bible. Il lut :

Il vous a été fait la grâce, par rapport à Christ, non seulement de croire en lui, mais encore de souffrir pour lui (Philippiens 1. 29).

Il était passionnant de penser que ce qui m'était arrivé pouvait tourner à l'avantage de l'Evangile. Je me mis à faire part de ma foi à de plus nombreuses personnes, et je compris que la Parole de Dieu n'était pas liée ni enchaînée, même si moi, je l'étais ! (2 Timothée 2. 9).

A partir de là, chaque problème qui surgissait se présentait dans un contexte que je comprenais. Je mettais simplement ma confiance en Dieu. Je me rappelais que tous les événements de ma vie survenaient, selon la formule d'André Murray, par décret de Dieu, sous sa protection, sous sa discipline, pour le temps prévu par lui. Et j'avais sa promesse qu'il ne me chargerait pas d'un fardeau trop lourd pour moi.

En voyant que les circonstances sont ordonnées par Dieu, je découvris que la vérité ne s'apprend que par l'application.

Dans la première épître aux Thessaloniciens, je lus ceci : *Rendez grâces en toutes choses !* Mais il m'arrivait parfois de ne pas avoir envie de remercier. Je n'éprouvais pas de reconnaissance. Cependant, je pouvais rendre grâces avec ma volonté, si ce n'était avec mes sentiments.

— Après tout, raisonnai-je un jour avec Steve, pendant deux ans, je me suis réveillée chaque matin dans un hôpital. Si ce n'est que pour cette raison, je peux remercier Dieu de ne plus y être !

Ainsi, je pris l'habitude de louer Dieu quand bien même je ne me sentais pas reconnaissante. Bientôt, une chose

curieuse se produisit : je commençai à ressentir la gratitude.

— Ta paralysie peut même être une bénédiction ! observa Steve durant l'un de nos entretiens.

— Une bénédiction ?

— Certainement !

— Je ne sais pas ! Il m'a fallu parcourir un très long
chemin pour accepter mon accident comme quelque chose
permis de Dieu pour mon bien futur. Mais je ne peux pas
encore comprendre que ce soit une bénédiction.

Les semaines qui suivirent, je lus de plus en plus de
textes concernant la souveraineté de Dieu. C'était vraiment une doctrine rassurante. Cette lumière inondait mon
intelligence et mon esprit, et elle éclairait mon âme et
l'image que je me faisais de moi-même. Je me sentais en
sécurité, à l'abri. Dieu avait le contrôle absolu de tout
dans ma vie.

Ce printemps-là, Steve et ses parents prirent part à un séminaire où la valeur de la personne fut expliquée en termes
bibliques. Steve me raconta ce qu'il avait entendu, un
après-midi qu'il était venu m'apporter quelques livres
qu'il souhaitait que je lise.

— Joni, tu dois certainement reconnaître maintenant la
valeur que Dieu donne à ta personne ! dit-il en déposant
les livres sur la table.

— Oui ! Pourquoi ?

— Eh bien, je crois que tu es encore suspendue à ta
propre image.

— Suspendue à mon image ? Que veux-tu dire ?

— Tu te rabaisses toujours, tu es toujours sur la défensive ! répondit-il.

Steve avait raison, naturellement. Je me comparais aux
gens en santé, actifs, attrayants, jouissant de la vie : tous
me paraissaient supérieurs. J'aurais éprouvé ce même sentiment d'infériorité en face d'un mannequin de cire !

— Mais c'est ce qui se passe pour chacun, si nous laissons la société déterminer notre valeur personnelle ! m'expliqua Steve en s'asseyant sur le tabouret de piano. Nous perdons toujours quand nous nous évaluons selon les idées et les normes de quelqu'un d'autre. Il y a autant de normes qu'il y a de personnes au monde. Un sportif nous estime d'après nos capacités athlétiques ; un étudiant d'après notre cerveau ; quelqu'un d'autre d'après notre apparence. C'est une bataille perdue d'avance ! dit-il en plaquant un accord énergique sur le piano, pour bien marquer sa pensée. Nous devons oublier ce que les gens disent ou pensent, et reconnaître que seules les valeurs de Dieu sont importantes.

C'était vrai. Dieu savait que j'avais des mains et des pieds, des bras et des jambes qui ne travaillaient pas. Il savait quel était mon physique. Et aucune de ces choses n'importait vraiment. Ce qui comptait, c'était que j'étais son ouvrage, créée à son image. Et il n'avait pas achevé son œuvre en moi (Ephésiens 2. 10).

Les jours suivants, je le remerciai pour ce que j'étais, parce que j'étais moi — telle que j'étais en intelligence, esprit, personnalité, et même corps. Je le remerciai pour mon apparence et pour ce que je pouvais ou ne pouvais pas faire. Ainsi, la doctrine de sa souveraineté permit que tout en moi trouvât sa juste place, comme les pièces d'un puzzle.

Non seulement il y avait un but pour ma vie, mais il y avait aussi un iceberg de potentiel ; dix pour cent à la surface, quatre-vingt-dix pour cent au-dessous. C'était fascinant d'apercevoir un domaine entièrement nouveau de mon existence et de ma personnalité encore non développé.

— Joni ! J'ai appris cette manière de voir par une illustration utilisée par Bill Gothard. Il dit que nos vies sont semblables à des tableaux que Dieu peint. Souvent nous sautons hors du chevalet, saisissons un pinceau et voulons faire les choses nous-mêmes. Mais ainsi, nous n'obtenons qu'une mauvaise copie du chef-d'œuvre que Dieu souhaitait faire de notre destinée.

Steve ajouta ceci à cette pensée :

— Joni, ton corps, dans la chaise, n'est que le cadre du portrait que Dieu fait de toi. Tu le sais bien, les gens ne visitent pas une galerie d'art pour admirer les cadres ! Ils se concentrent sur la qualité et le caractère du tableau.

C'était logique. Je pouvais me détendre et ne pas me soucier outre mesure de mon aspect. Dieu était occupé à *me peindre* de manière parfaite afin que je pusse refléter le caractère de Christ. Cela donnait une perspective toute nouvelle au fauteuil roulant. Autrefois, il avait été un terrible fardeau, une épreuve. Puis, avec le travail de Dieu dans ma vie, il devint un outil. Maintenant, je pouvais le considérer comme une bénédiction. *Pour la première fois dans mon existence de paralytique, il était possible que le fauteuil roulant fût transformé en instrument de joie.*

11

Avec ma nouvelle compréhension et une image plus positive de ma personne surgit le souci de mon apparence. Jay et Diana m'aidèrent à m'arranger les cheveux et à donner quelque éclat à mon visage. Nous apprîmes aussi à choisir des vêtements qui m'allaient mieux. Par exemple, Jay découvrit qu'en achetant des pantalons d'une dizaine de centimètres trop longs, ils avaient plus de tenue et ne remontaient pas au-dessus de mes chevilles quand j'étais assise.

J'en étais arrivée au point où j'étais satisfaite de ma condition. J'avais commencé à remercier Dieu de ma libre volonté. Et dès lors, je pouvais également le faire avec mes sentiments. Mon fauteuil roulant était devenu une partie confortable de mon existence.

Au cours de l'été 1970, Diana, Jay, Sheri Pendergrass (une voisine de treize ans) et moi-même partîmes en voiture pour assister au séminaire Gothard que Steve nous avait chaleureusement recommandé. Les sessions contribuèrent à cristalliser ma pensée sur tout ce qui m'était survenu. L'une d'elles traitait des sources d'irritation et j'appris que Dieu permet dans notre vie certaines circons-

tances agissant à la manière d'une lime qui efface nos aspé-
rités pour faire de nous des joyaux précieux.

— L'irritation est produite par les circonstances et les
gens, nous rappela Diana après l'une des sessions. C'est
pourquoi il est important non seulement de supporter, mais
aussi de répondre par une attitude chrétienne.

— Oui ! dis-je doucement. J'ai été vraiment lente à saisir
cette vérité. Il ne me suffit pas d'endurer toute la souffrance que Dieu permet ; il faut encore que je me serve
de mes circonstances pour le glorifier, que je fasse en sorte
que ces situations me rendent plus semblable à Christ.

— Et cela n'est pas facile ! observa Jay.

— Oh ! non ! commenta Sheri. Répondre par une attitude chrétienne, ce n'est pas si simple !

— Eh bien, faisons-en l'essai, suggéra Diana. Quand
des causes d'irritation se présenteront à nous, ne leur
cédons pas. Ne laissons pas Satan remporter la victoire
sur nos sentiments.

Durant la pause qui suivit, il sembla que Dieu voulût
me donner une excellente occasion de mettre à l'épreuve
mes réactions aux causes d'irritation. Comme je suis confi-
née dans un fauteuil de malade, je dois boire beaucoup
de liquide pour obliger mes reins à évacuer tous les déchets
de mon corps. En conséquence, on attache à ma jambe un
cathéter qui reçoit l'urine et doit être périodiquement vidé.
Sheri s'occupait de moi, ce jour-là, et elle vida le sac, en
oubliant toutefois d'en assurer la fermeture. Peu après, un
monsieur assis devant nous regarda le sol, puis se tourna
vers moi :

— Mademoiselle, je crois que quelque chose ne va pas !

— Oh ! Non !

Je vis une flaque qui s'écoulait le long du couloir.
Je rougis de confusion, avec un sentiment de profond mal-
aise. Je sentis l'irritation monter en moi à l'égard de Sheri,
de tout ce qu'impliquait mon état et de bien d'autres choses.

Je me souvins alors de la leçon que nous venions de recevoir. Nous vîmes toutes dans cet incident humiliant un exercice pratique destiné à vérifier si nous avions vraiment fait nôtre la vérité apprise.

D'autres sujets exposés au cours de ce séminaire exercèrent un impact profond sur ma vie. Je vis tout à nouveau l'importance de ma famille dans mon existence. Mon célibat et mon handicap me rendent particulièrement consciente de ma dépendance de mes parents et de mes sœurs. Cependant, les principes sont identiques pour tous. Ce n'est pas par hasard que notre vie et nos expériences sont ce qu'elles sont, jusqu'au nombre de frères et sœurs que nous avons et la personnalité de nos parents. Tout cela fait partie du but et des plans de Dieu pour nous.

Cela est certainement vrai en ce qui me concerne. Chacune de mes sœurs représente quelque chose de particulier pour moi, mais chacune est différente, avec ses propres dons et son individualité.

— Si je ne puis apprendre à aimer mes sœurs telles qu'elles sont, comment pourrais-je espérer aimer quelqu'un d'autre ayant les mêmes traits de caractère ? demandais-je en discutant avec mes amies.

— Ça, c'est clair ! dit Diana.

— Bien sûr ! dit Jay.

— Jay, dis-je lentement, je commence seulement maintenant à voir combien peu je vous ai aimées et appréciées, toi, Kathy et Linda. Votre affection me paraissait si naturelle. Vous recevez mes amis, faites la cuisine, nettoyez, et vous ne vous plaignez jamais. Je regrette d'avoir été si peu sensible à tout cela. A l'avenir, je pourrais demander à mes amis de mettre de l'ordre eux-mêmes quand ils me rendent visite, par exemple placer la vaisselle sale dans la machine à laver.

Jay sourit et m'embrassa. J'avais touché un point névralgique et elle parut contente.

— Et j'ai été vraiment indifférente à l'égard de Kathy et de Butch depuis leur récent mariage. Comme elle est institutrice, je connais trop peu de chose de son travail et de ses problèmes pour avoir des relations plus étroites avec elle. Je vais m'efforcer de changer. Voulez-vous prier pour moi ?

— Bien sûr, Joni. Nous avons besoin des prières les unes des autres, parce que toutes nous désirons être différentes ! dit Sheri.

Mon plus grand profit des sessions du séminaire fut d'apprendre que les relations doivent être entretenues pour rester solides. Je promis au Seigneur (et à moi-même) d'avoir plus de considération, d'une manière générale, pour les miens et de penser plus souvent à leurs besoins. Il me devint clair que mes rapports avec ma famille étaient, dans un certain sens, un test de mes relations avec d'autres personnes dans le monde. Il était plus difficile d'être authentique, d'être un témoin à la maison, mais si cela pouvait se faire là, cela pouvait jouer aussi partout ailleurs.

Faire tout par amour, c'est la norme de Dieu pour nos relations avec le prochain. Cette norme est la même qu'on parle de relations entre mari et épouse, entre camarades de chambre, entre mère et fille, entre père et fils ou de n'importe quelle autre relation humaine dans laquelle le Seigneur nous place.

Auparavant, à cause de mon accident et de mon terrible handicap, le monde tournait autour de moi. Je prenais plaisir à l'attention des gens et aux choses qu'ils faisaient pour moi. Mais, dès lors, après avoir vu mon égoïsme, je m'efforçai de changer, de faire des autres le centre de mon monde.

Ce faisant, j'appris à ne pas considérer mes amis et ma famille comme étant constamment à ma disposition, mais à apprécier sincèrement ce qu'ils faisaient pour moi et toutes leurs gentillesses. Comme résultat de cet effort conscient d'être conséquente dans toutes mes relations, et particulièrement avec mes proches, les amis qui vinrent me voir purent constater que j'étais la même Joni Eareckson pour les uns que pour les autres.

Une amie me dit un jour :

— Eh bien, je trouve que l'on n'a pas à se gêner avec sa famille. On peut être soi-même et ne pas s'inquiéter de ce que les autres pensent.

Je rectifiai.

— C'est comme si on s'accordait la liberté de pécher ! Toutes deux, nous connaissons des gens qui sont pieux le dimanche, mais vivent comme des païens le reste de la semaine. C'est comme si l'on disait : Je n'aime vraiment pas assez ma famille pour lui témoigner de l'affection et de la patience. Elle n'en vaut pas la peine. Je trouve que, si Christ doit être une réalité dans ma vie et dans mes relations avec le prochain, il doit avant tout inspirer mon attitude envers mes parents et mes sœurs.

Je voyais Dieu « travaillant continuellement à mon salut ». Il s'était occupé de mon passé, qu'il avait pardonné par la mort et la résurrection de Christ. Puis, je le vis effectivement à l'œuvre dans le présent. Bien qu'encore dans l'appréhension, je savais qu'il œuvrait dans ma vie non seulement pour me délivrer du châtiment du péché, mais aussi de sa puissance actuelle. Finalement, je savais que l'Esprit agissait au-dedans de moi afin de créer en ma personne un caractère semblable à celui de Christ. Par conséquent, je pouvais me confier en lui pour mon avenir terrestre et pour sa parfaite rédemption dans la vie à venir.

Mon art n'occupait pas de place particulière dans ma vie durant cette période de croissance. Bien que je me détendisse souvent en dessinant ou en m'amusant à créer quelque chose, il n'entrait pas réellement en ligne de compte dans l'ensemble de mes passe-temps. Il s'agissait d'une simple distraction, comme aussi mon intérêt pour la musique.

En été 1970, je rencontrai Dick Rohlfs et les frères Chuck et Craig Garriott. Après avoir fait connaissance aux études bibliques de Steve, Dickie, Dick, Craig, Diana et moi formâmes un groupe choral. Notre maison était souvent remplie de musique et d'auditeurs. Les résonances graves de la guitare de Craig montaient vers le plafond élevé de notre salle de séjour et la musique en était si puissante que nous étions obligés d'ouvrir les fenêtres.

Très souvent, mes parents s'asseyaient sur les marches de l'escalier, devant le salon, frappant des mains et chantant avec nous, jusqu'à minuit, heure à laquelle nous étions tous trop enroués pour continuer. Nous chantions bien, assez en tout cas pour nous produire dans les associations de *Jeune vie,* de *Jeunesse pour Christ* et dans les églises.

A peu près à ce moment, on me demanda de collaborer comme conseillère avec *Jeune vie* près de Randallstown. J'acceptai et commençai à faire part aux élèves du collège de mon enthousiasme au sujet des choses merveilleuses que Dieu accomplissait dans ma vie et par elle. Les leçons spirituelles que j'avais apprises étaient valables pour tout chrétien et j'étais désireuse que ces brillants et fervents adolescents connaissent les enseignements que j'avais reçus de Dieu sans avoir à passer par le même chemin de souffrance que moi.

Leurs vies et leurs expériences m'étaient familières. Il n'y avait que quelques années, moi aussi j'avais été inquiète, incertaine, à la recherche de la voie à suivre. Je pouvais m'identifier à eux à bien des égards et comprendre leurs propres handicaps : timidité, poids excessif, manque d'ami ou amie, appareil à redresser les dents, parents divorcés et bien d'autres problèmes.

— La Parole de Dieu est la vérité, disais-je à un groupe

de jeunes filles. Je l'ai découvert. Je sais que c'est vrai parce que j'en ai fait l'expérience.

Elles écoutaient attentivement lorsque je partageais avec elles mes défaites émotives et mes succès spirituels. Beaucoup d'entre elles assistaient aux études bibliques que nous tenions au ranch, à Sykesville. Afin de les attirer, nous imaginions toutes sortes d'amusements, des sauteries en pyjama et des jeux souvent ridicules.

Cet été-là, Jay et moi allâmes dans le Colorado. Le camp, qui portait le nom de Ranch de la Frontière, était situé dans les Montagnes Rocheuses centrales. C'était merveilleux de me trouver là, pour la première fois depuis mon accident, à l'air vif de la montagne. Je me chauffais au soleil, admirant la beauté des sommets et respirant la brise chargée du parfum des pins. Bien sûr, il m'était impossible de participer aux promenades, aux excursions à cheval, aux courses de montagne, et les jeunes trouvaient cela dur. Mais quand elles virent que je n'en étais pas malheureuse, elles se détendirent.

— N'aimeriez-vous pas faire toutes ces choses avec nous ? me demanda une fille un jour.

— Eh bien, pas vraiment. Je suis heureuse d'être ici, en plein air, où je peux méditer sur la bonté et la grandeur de Dieu et prier. Ça ne m'ennuie pas de ne pas pouvoir vous suivre partout. Après tout, d'autres conseillères ne peuvent pas non plus vous accompagner dans tout ce que vous organisez !

Graduellement, les jeunes filles s'habituèrent à moi et à mon fauteuil roulant, et cherchèrent à m'intégrer autant que possible dans leurs activités. Et, bien que sachant que je ne pouvais les surveiller après le couvre-feu, elles n'essayèrent jamais de profiter de mon infirmité, et me traitèrent toujours comme un être humain normal.

Dans les réunions de clubs, les sorties et les études bibliques, nous cherchions à insuffler aux jeunes le désir de vivre pour Christ et de mettre à son service les capacités dont la nature les avait dotées.

Par exemple, Debbie aimait me venir en aide. Elle choisit la profession de physiothérapeute. Ce n'est pas nécessairement moi qui lui mis cette idée en tête, mais je lui donnai l'occasion de se sentir utile en employant son don d'aider le prochain.

Vers la fin de l'été, nous eûmes une soirée d'adieux pour Steve. Ce fut une rencontre pleine d'émotions bien mélangées. J'étais heureuse pour lui qu'il aille à l'école biblique mais, en même temps, attristée à la pensée que notre partage spirituel prenait fin.

Steve me rassura :

— Mais il ne prend pas fin ! Vois-tu, j'ai lu quelque part que « rien de Dieu ne meurt quand un serviteur de Dieu s'en va ». On peut aussi interpréter cela par : personne n'est indispensable. Dieu ne part pas quand ses enfants vont ailleurs. Joni, garde les yeux fixés sur Christ, pas sur moi !

— Mais, Steve, j'ai appris tant de choses par toi au cours de l'année écoulée ! Tu m'as fait connaître Paul et les grands auteurs chrétiens. Je suis ravie pour toi et je prierai pour ton séjour à l'école biblique de Columbia. Mais tu me manqueras ! Dieu s'est servi de toi pour changer complètement mon existence. Tu es devenu mon conducteur spirituel et, à ce titre, je suis dépendante de toi.

— Ecoute ! Ce n'est pas juste, Joni ! Dieu s'est servi de moi, mais le Saint-Esprit était ton véritable instructeur. Tiens ferme à Christ. Continue à apprendre par cœur des passages de la Parole. Il sera fidèle, Joni !

Steve partit, et malgré ses déclarations rassurantes et ses nombreuses lettres, il me manquait encore beaucoup. Pourtant, il avait eu raison en ce que je pouvais continuer à grandir et apprendre en attendant du Saint-Esprit la direction et la compréhension nécessaires à mes progrès.

12

En automne de la même année, ma vie commença à prendre une tournure intéressante. Steve était parti, d'autres amis étaient entrés à l'université ou s'étaient mariés, et je repris conscience de l'impossibilité où j'étais de songer au mariage. Je commençai à admettre avec réalisme que le plan de Dieu pour ma vie était le célibat. Il était décevant de lire les ouvrages chrétiens sur ce sujet, car la plupart partaient de l'idée que la célibataire doit se préparer à devenir épouse. Peu — si tant est qu'il y en eût — donnaient des conseils pratiques à la femme devant affronter le célibat à vie.

J'avais encore des arrière-pensées profondes et très sentimentales concernant ma renonciation à Dick. Je trouvais que j'avais fait ce qu'il convenait. Je n'avais pas le droit de me marier, à moins que Dieu ne me rendît ce droit comme une grâce particulière. Et cela semblait très lointain et réellement improbable. Aussi m'efforçais-je d'accepter mon rôle de célibataire sans amertume ni envie.

Souvent, j'étais amie de noce ou je chantais au mariage de mes amies, et j'avais même attrapé au vol le bouquet de la mariée à plusieurs reprises *. Ces occasions avaient

---

* N.D.T. — Aux Etats-Unis, à la fin de la réception, la mariée lance son bouquet. Toutes les demoiselles d'honneur essaient de l'attraper. Celle qui réussit sera la prochaine à se marier.

fait ressurgir des sentiments et des émotions depuis long-temps oubliés — ou, du moins, l'avais-je imaginé jusqu'à ce qu'ils eussent reparu à la surface.

Je suppose que, en secret tout au fond de moi-même, je souhaitais que l'homme idéal se présentât : celui qui pourrait faire face à mon infirmité et au fauteuil roulant. *Seigneur, tu sais que je suis satisfaite de mon sort actuel, mais je crois que je me demanderai toujours si tu as dans ton plan un mari pour moi.*

* * *

Beaucoup de mes amies étaient maintenant mariées et je trouvais souvent difficiles les contacts avec elles. Leurs intérêts différaient des miens ; elles étaient prises par leur foyer, leur famille, trop occupées par la nouvelle direction de leur existence pour revenir aux intérêts que nous avions partagés autrefois. J'avais assez mûri, d'ailleurs, pour accepter cela comme une évolution naturelle ; aussi n'éprouvais-je ni rancune, ni amertume, mais je me sentais à l'écart et isolée.

Je me demandais si Dieu amènerait dans ma vie un homme capable de m'aimer pour moi-même et disposé à passer ses jours avec moi. Célibataire, pourrais-je jamais être heureuse ? N'avais-je pas déjà beaucoup souffert ? Dieu me mettrait-il encore à l'épreuve en permettant que je reste seule jusqu'à la fin de mes jours ?

Ces questions entretenaient en moi une insécurité psychique et la solitude m'étreignait souvent. Je priais :

— Seigneur ! S'il te plaît, fais entrer quelqu'un dans ma vie pour combler ce vide !

Pourquoi ? Ma grâce ne te suffit-elle pas ?

Je savais que je demandais l'accomplissement de mes désirs et non celui de la volonté divine. Mais, après tout, Jésus n'avait-il pas dit : *Demandez ce que vous voulez en mon nom et cela vous sera accordé ?*

Quelque temps après ces réflexions, à une soirée de responsables de *Jeune vie,* je rencontrai Donald Bertolli, un ami de Dick.

En présentant Don, le directeur expliqua :

— Don vient de la partie la plus dure de la ville de Pimlico et travaille parmi les enfants des rues. Notre église presbytérienne d'Arlington a pris en charge l'œuvre qui se poursuit parmi la minorité pauvre des gamins du quartier.

Donald était un beau jeune homme aux grands yeux bruns, d'ascendance italo-syrienne. Il semblait mu par un ressort, plein d'énergie et de force. Bien qu'il fût plus âgé que la plupart d'entre nous — vingt-sept ans alors que j'en avais vingt et un — on voyait qu'il se plaisait en notre compagnie. Quand il intervenait, c'était souvent par une interrogation. Sa voix, parfois éraillée, avait une rudesse qui révélait une origine populaire. Il se méfiait des réponses diplomatiques et insistait pour connaître le fond de la vérité. Son ton était hésitant, plutôt timide, comme s'il craignait d'exprimer ses pensées intimes à haute voix. En questionnant, il s'arrêtait pour réfléchir. Il écoutait intensément ce qui se disait, mais ne paraissait pas facilement influencé ou convaincu. Quand quelqu'un affirmait :

— Mais c'est comme ça que ça se fait !

Donald l'interrompait :

— Mais non, c'est de la bêtise ! Rien n'est juste simplement parce que ça s'est toujours fait ainsi !

J'étais impressionnée non seulement par son physique et son intelligence, mais aussi par la maturité de son témoignage chrétien et sa force de caractère.

Donald s'approcha de moi à la fin de la réunion et conversa brièvement. Pendant ces quelques instants, j'appris que nous avions beaucoup en commun. Il parla de ses activités sportives, de Dieu et du service chrétien.

— Joni ! Il faut que nous causions encore. Puis-je te revoir ?

— Bien sûr ! Viens quand tu veux.

C'était l'invitation classique. Je l'avais faite à beaucoup d'autres qui m'avaient demandé de s'entretenir avec moi ; aussi ne m'attendais-je guère à ce qu'il fût à notre porte le lendemain matin de bonne heure. Mais il y était !

En entrant dans ma chambre, Jay dit à voix basse :

— Quelqu'un désire te voir. Je ne le connais pas, mais il est vraiment bien !

— Qui ? Quelle heure est-il ? demandai-je en bâillant.

— Neuf heures ! Il dit qu'il s'appelle Don.

— Dis-lui que je serai prête à le recevoir dans un instant. Laisse-moi encore une minute.

Comme je me levais tard, c'était l'heure à laquelle je me réveillais habituellement.

Jay retourna au salon bavarder un moment avec lui, puis elle s'excusa et vint m'aider à me lever, m'habiller et me préparer pour la journée.

— Bonjour ! dis-je joyeusement une demi-heure plus tard, quand Jay roula mon fauteuil dans la pièce où l'on m'attendait.

— Bonjour ! dit Donald.

Il bondit de sa chaise et s'approcha.

— J'espère que je ne te dérange pas, mais tu m'as invité, n'est-ce pas ?

— Naturellement, je t'ai invité ! Ma journée commence en général à ces heures, ainsi tu ne me déranges pas.

Donald se mit à parler. Quand il s'arrêta pour reprendre son souffle, il était midi. Je n'avais pas eu mon petit déjeuner et j'avais faim. Mais il ne faisait pas mine de mettre un terme à sa visite !

— Donald, veux-tu déjeuner avec nous ? demandai-je.

— Oh ! Je serais enchanté, si cela ne vous importune pas !

Jay prépara le repas et écouta notre conversation. En fait, je ne faisais guère qu'écouter, moi aussi. J'appris tout ce qui concernait Donald, sa famille, comment il avait rencontré le Seigneur, tout ce qui avait trait à son travail parmi les enfants de couleur de Pimlico, ses idées au sujet du service chrétien.

Un peu plus tard, Jay lui dit :

— Donald, veux-tu rester avec nous pour dîner ?

— Oh ! J'en serais enchanté, si cela ne vous dérange pas !

Nous parlâmes encore pendant tout le repas, après quoi Donald se leva finalement pour partir.

— Puis-je revenir te voir ? demanda-t-il.

— Hum... eh bien...

J'hésitais, pensant qu'il pourrait se retrouver devant notre porte le lendemain matin.

— Demain, j'ai des cours à l'université.

— Permets-moi de t'y conduire !

— Hum ! Merci, Donald. C'est Jay qui me mène généralement. Elle connaît mon programme et ce qu'il me faut.

— Parfait ! Eh bien, j'ai vraiment eu du plaisir chez toi. Nous nous reverrons bientôt ?

— Volontiers !

Le lendemain, il nous attendait à la porte de l'école et passa le reste de la journée avec nous. Au début, je le trouvais un peu envahissant. Mais, le troisième jour, quand il revint au ranch, il commençait à me plaire.

A la rencontre suivante des responsables de *Jeune vie,* il se trouvait là, beau et souriant. Dans le cours de la soirée, Diana et moi nous lançâmes dans une discussion amicale, mais très chaude, sur un détail théologique insignifiant, et de nombreux jeunes prirent le parti soit de l'une soit de l'autre. Pourtant, Donald n'entra pas dans le débat. C'était étrange, car il y avait plusieurs nouveaux chrétiens pour l'étude biblique, ce soir-là. J'étais certaine qu'il prendrait la parole et mettrait fin à la confusion que Diana et moi avions provoquée.

Finalement, l'étude se termina. Donald se leva et me dit :

— Joni, avant de t'endormir, ce soir, lis 2 Timothée 2. 14. Je crois que cela parlera à ton cœur !

Puis il se retira.

— Mais c'est formidable ! Pourquoi n'a-t-il pas mentionné ce verset plus tôt ? dis-je, pensant qu'il s'agissait d'un texte qui devait m'aider à convaincre Diana.

Quelqu'un me chercha le verset et me le lut :

Rappelle ces choses, en conjurant devant Dieu qu'on évite les disputes de mots, qui ne servent qu'à la ruine de ceux qui écoutent.

Je fus atterrée par cette vérité et convaincue que nous avions discuté d'une vétille. Et surtout, j'eus honte de mon manque de jugement.

Cependant, d'un autre côté, je fus impressionnée par la maturité, la sensibilité et la sagesse de Donald. Je vis en lui un homme d'autorité et le trouvai de plus en plus attirant. Je pensai beaucoup à lui les jours suivants.

Lorsque nous nous rencontrâmes ensuite, nous échangeâmes, immédiatement après nous être salués, des constatations sur le lien qui se formait entre nous.

— Joni, avant que je devienne croyant, dans mon milieu, c'était chacun pour soi. Je fréquente pourtant les cercles chrétiens depuis plusieurs années. Mais, c'est curieux, je n'ai jamais rencontré jusqu'ici des gens qui me manifestent de l'affection. Tu me plais vraiment.

— J'ai aussi de la sympathie pour toi, Donald. Personne ne m'a apporté son amitié aussi spontanément que toi. Habituellement, les gens sont intimidés par mon fauteuil roulant. Cela leur demande du temps de s'habituer à mon infirmité. Quand ils me connaissent, ils oublient le fauteuil. Mais avec toi, eh bien, c'est comme si tu ne l'avais jamais remarqué !

— Joni... je ne sais pas, je pense que cela vient de mes antécédents. Mais je ne peux pas masquer mes sentiments et mes émotions. Je ne veux pas faire l'hypocrite. Je ne te duperai jamais.

— Je suis heureuse de ce que tu n'y ailles pas par quatre chemins. J'aime les gens qui n'ont pas peur de dire ce qu'ils pensent, répondis-je.

Nous nous vîmes souvent au cours des semaines et des mois qui suivirent. Avant la fin de l'été, Donald m'emmena à Ocean City. Il se tint près de mon fauteuil, sur le quai, pendant que nous respirions l'air vif et salé de l'océan, à demi assourdis par les cris des mouettes et le mugissement des vagues.

D'anciens souvenirs me revinrent : la sensation du sable entre mes orteils et celle des grisantes éclaboussures du ressac. Je soupirai et, assise dans ma voiture, je m'apprêtai à observer Don nageant à ma place.

Mais soudain, comme s'il devinait mes sentiments, il quitta le chemin et m'emmena sur la plage. Les roues du fauteuil s'enfoncèrent et tracèrent des sillons dans le sable mouillé jusqu'au bord de l'eau. Là, le terrain était lisse et cela devint plus facile. Donald ne s'arrêta pas. Il avança avec une feinte insouciance jusqu'à ce que j'aie de l'eau jusqu'aux genoux. Je criai :

— Donald ! Que fais-tu ?

Ma chaise se trouvait complètement engagée dans le ressac. J'étais à la fois scandalisée et enthousiasmée par cette aventure inattendue.

Sur la plage, les gens regardaient cette scène ridicule, se demandant s'ils devaient intervenir pour arrêter ce fou qui cherchait à noyer cette pauvre infirme. Mes rires et mon évident plaisir les rassurèrent et ils retournèrent à leurs occupations.

Donald me souleva et me porta au milieu des brisants. Je ne sentais rien, mais mon cœur battait follement.

Après cette expérience, je nageais dans la joie. Donald m'avait donné, pour la première fois depuis mon accident, le sentiment d'être comme les autres. Le fauteuil ne lui barrait pas la route. Il n'y avait chez lui ni pitié, ni embarras. Il me traitait comme il aurait traité n'importe quelle jeune femme à son goût. Il était fort, mais toujours doux, il m'inspirait de l'assurance. Je savais qu'il n'aurait jamais permis que quelque chose m'arrivât.

Grâce à Donald aussi, j'avais maintenant conscience de mon attrait et de ma féminité. Même paralysée, je me sentais vraiment femme ; quelqu'un me trouvait jolie.

Donald organisa pour moi des pique-niques et des randonnées. Il poussait mon fauteuil aussi loin que possible et, quand le sentier devenait trop étroit, il le pliait, me soulevait et me portait jusqu'au sommet de la colline. Là, il m'installait sur une couverture, et nous mangions en contemplant la beauté du paysage.

Nous parlions pendant des heures de la Parole de Dieu et de tout ce que nous avions appris par nos expériences dans la foi. C'étaient des heures romantiques et spirituelles dont nous jouissions intensément. Et chacune nous rapprochait davantage.

Je commençai à me préoccuper de mon affection grandissante pour Donald. Où cela me conduisait-il ? Je devais éviter l'intimité et veiller à ne pas le prendre en trop grande amitié. Tout ce qui eût été plus que des relations platoniques était hors de question.

Au printemps 1971, nous passions beaucoup de temps ensemble. Souvent, il m'emmenait quand il allait évangéliser dans la rue. Mon admiration augmenta encore lorsque je l'entendis parler aux enfants. Sa forte personnalité lui permettait de triompher dans toutes les situations. Il avait une grande assurance, sans pour autant chercher à dominer les autres.

Tout en sachant que ce n'était pas sage, je m'attachais

de plus en plus à lui ; de forts liens se nouaient entre nous. Un jour que j'étais dehors, dessinant au chaud soleil printanier, Donald se pencha vers moi et me dit doucement :

— Joni, je t'aime !

Distraite par la création de mon dessin, je répondis :

— Moi aussi, je t'aime, Donald !

Je pris le même ton que si j'avais dit :

— Oui ! Tu es aussi mon cher ami, Donald !

— Joni ! Je ne crois pas que tu m'aies compris...

Il s'arrêta et me regarda intensément dans les yeux :

— Joni ! Je suis amoureux de toi !

Se penchant vers moi, il prit mon visage entre ses mains et m'embrassa. Je ne pouvais l'embrasser sans peser toute l'importance de mon acte. Le baiser d'une autre femme aurait pu être une manifestation occasionnelle d'affection. Mais, pour moi, dans mon fauteuil roulant, cet acte exigeait un engagement mutuel que je ne voulais pas imposer à Donald sans qu'il réfléchisse à toutes les conséquences.

— Ecoute, Donald, c'est...

— Mais je t'aime !

— Je... je ne sais pas !

J'avais peur. Une relation d'amitié était la seule possible.

— Tu... hum... nous ne pouvons pas envisager...

Malgré la confiance et l'assurance de Donald, je sentais au plus profond de mon être que même lui ne pourrait pas surmonter toutes les complications dues à ma paralysie.

Plus tard, je racontai à Diana et à Jay ce qui s'était passé. Alors que je leur faisais part de mes sentiments, toutes deux devinrent réticentes et prirent une attitude protectrice.

— Je ne crois pas que tu devrais t'engager sérieusement

172

avec Donald ! me dit fermement Jay. Vous en sortirez blessés tous les deux.

Diana ajouta :

— Joni, je sais qu'il est sincère et ne cherche pas à profiter de toi. Je sais qu'il est agréable à vivre et je suis certaine qu'il a de l'affection pour toi. Mais de l'amour ? C'est quelque chose de tout différent ! Sois prudente ! Je t'en supplie, sois prudente !

13

L'été où je rencontrai Don, Diana fit la connaissance d'un jeune homme appelé Frank Mood et en tomba amoureuse. Diana et Frank se marièrent en juin 1971 et s'installèrent non loin de notre ranch familial. A peu près à la même époque, Jay m'invita à aller vivre chez elle. Près du ranch, elle habitait une petite maison de pierre et de bois qui, il y avait plus d'un siècle, avait servi de logis à des esclaves et que papa avait transformée. C'était un charmant cottage à deux chambres à coucher, situé sur une colline qui dominait une vallée pittoresque. En demeurant au ranch, je pourrais être souvent avec Jay, Diana et Frank, Kathy et Butch, et tous se partageraient la tâche de s'occuper de moi.

Quand la décision fut prise, papa ajouta une aile à la maison. C'était une salle spacieuse, conçue comme celle de notre maison de Woodlawn pour recevoir beaucoup d'amis. Dans un des angles se trouvait une magnifique cheminée. De larges fenêtres laissaient pénétrer la lumière et la beauté du paysage. Les parois étaient recouvertes de panneaux de bois faits à la main. Au milieu de la vaste pièce, une immense table de chêne servait pour les réunions d'amis et les repas. Elle était en fait le centre de toutes nos activités.

J'avais aimé le ranch quand j'étais enfant ; je l'aimais encore plus maintenant. Il donnait à ma vie un sentiment de paix et de beauté.

Donald aussi l'aimait et y passait de plus en plus de temps. Ensemble, nous nous rendions à Ocean City, pique-niquions aux environs, nous promenions dans les collines ou faisions d'autres sorties. Cela ne me faisait jamais peur d'aller n'importe où avec lui parce que je le savais apte à faire face à toutes les situations. Il était assez fort pour me porter seul. Il m'aidait à manger et à boire, vidait le sac attaché à ma jambe et m'installait adroitement dans mon fauteuil. Avec lui, j'étais détendue et à l'aise. Il ne se laissait jamais rebuter par les ennuis physiques de mon infirmité. Il s'occupait de moi d'une manière naturelle, me taquinait, jouait et me défiait comme si je n'avais pas été paralysée.

Si quelqu'un peut surmonter les problèmes physiques et psychologiques de mon handicap, c'est bien Donald, pensais-je. La possibilité qu'un homme entrât dans ma vie, non comme un frère en Christ, mais avec un intérêt romanesque, m'effrayait et m'enchantait à la fois.

Diana et Jay m'avertirent de nouveau de ne pas me laisser prendre sentimentalement par Donald. Plus tard, Diana me raconta un entretien qu'elle avait eu avec lui à ce sujet.

— Donald, je désire que tu saches combien Jay et moi-même sommes inquiètes de ce qui se passe entre Joni et toi !

Ainsi avait débuté leur conversation.

— Inquiètes ? avait-il demandé.

— Oui ! Vraiment, cela devient trop sérieux. As-tu pensé à ce que cela signifie pour Joni ?

— Oui, bien sûr ! répondit Donald. J'ai beaucoup réfléchi. Je ne lui en aurais pas parlé si ce n'était pas sérieux. Diana, je suis amoureux de Joni !

— Mais, Donald... hum... Habituellement, quand deux personnes s'aiment, elles font des plans de mariage et vivent ensemble le reste de leurs jours.

— Oui, je sais, Diana. Je connais tous les problèmes qui se posent. J'ai pensé et prié au sujet de toutes les difficultés qui pourraient se présenter. Je connais les conséquences au cas où nous nous marierions. Mais je peux les affronter. Je l'épouserais à l'instant même si elle voulait de moi !

Lorsque Diana me fit part de cette conversation, elle était encore dans le doute.

— Joni, je suis vraiment heureuse pour toi... mais...

— Je sais, Diana ! dis-je pour la rassurer. Je suis moi-même en proie à des émotions très mélangées. D'un côté, je suis sûre que je l'aime et je crois — je le crois vraiment — que, si quelqu'un est capable de faire réussir un tel mariage, c'est bien Donald. D'autre part, je me dis que, probablement, aucun homme au monde n'y arriverait. Et cela me fait peur.

— Est-ce que tu l'aimes ?

— Oui, je crois. C'est effrayant, mais c'est ainsi !

Tandis que notre amour grandissait, je continuais à peser le sens que pouvait avoir une telle union.

— C'est un engagement terriblement important, Donald ! lui dis-je un jour, alors que nous allions en voiture assister à un match.

— Je sais ! Mais nous sommes capables de le prendre, Joni. Nous sommes tous deux des esprits indépendants et pleins de ressources. Nous pouvons y arriver.

— Mais le mariage...

— Il n'est pas plus hors de question que n'importe quoi d'autre. Je peux prendre soin de toi, te baigner, préparer les repas et faire le ménage. Nous pourrions trouver un logement où tout serait fonctionnel et facile à entretenir.

Quand nous en aurions le moyen, nous prendrions une aide pour les nettoyages et la cuisine. Entre-temps, je m'en chargerais et m'occuperais de toi !

Nous pénétrâmes dans le parc et nous arrêtâmes près du terrain de sport.

— Mais je ne serais jamais vraiment heureuse si je ne pouvais pas remplir tous mes devoirs de femme. Je voudrais faire tes repas, pourvoir à tes besoins. Je voudrais t'exprimer pleinement mon amour et ma tendresse.

— Eh bien, je crois que je suis un mâle libéré ! Faire la cuisine et prendre soin de toi n'enlèvent rien à ma virilité. Et quant au côté sexuel, j'ai entendu dire que c'est sur-estimé ! dit-il en souriant. Ne t'inquiète pas, Joni ! Le sexe n'est pas si important que ça. Je peux y faire face !

Je n'en étais pas certaine. A mon avis, le sexe était en réalité une partie importante du mariage. Mais, en considérant le problème, je pensais : *Peut-être que Donald a raison. Après tout, quand il dit qu'il peut affronter les problèmes, je le crois ! J'ai appris à me fier à son jugement.*

Je me souvenais aussi des conférences que l'on donnait aux paraplégiques et aux tétraplégiques au Ranch los Amigos. Les médecins nous renseignaient sur la possibilité d'avoir des relations sexuelles et même de mettre au monde des enfants. Notre paralysie empêchait seulement les sensations physiques, la fonction n'était pas entravée.

— Mais, tu sais... je ne sens absolument rien ! rappelai-je à Donald. Je ne pense pas que je pourrais réellement te satisfaire. Je me sentirais prisonnière de mon corps et incapable d'exprimer ma tendresse. Nous en serions tous deux réduits à une existence de mutuelle frustration !

— Je te dis que c'est sans importance !

Puis il sortit mon fauteuil et m'installa en continuant :

— Bien des gens ont des problèmes pires que celui-là. D'ailleurs nous le résoudrons !

— Je... je ne sais pas. Peut-être. Si tu me dis que tu es

capable de vivre cette sorte de mariage, je pense que je dois te croire. Je... je suppose que je peux m'en remettre à toi.

Donald sourit tendrement et fit un signe affirmatif.

Oubliant les joueurs sur le terrain, il se pencha vers moi et m'embrassa. Cette fois, je sentis que son geste était riche d'abandon et de sens. Et je lui rendis son baiser avec le sentiment profond du don de moi-même. J'étais étreinte par l'émotion et l'excitation alors qu'il me conduisait vers les tribunes.

C'est trop beau pour être vrai, pensais-je. *Donald est entré dans ma vie exactement au moment où Diana, ma meilleure amie, en est sortie pour se marier et fonder une famille !*

Dieu m'avait fait connaître quelqu'un qui m'aimait vraiment, quelqu'un qui croyait sincèrement à la possibilité de passer ensemble le reste de notre vie.

Quand je retournai à la maison, ce soir-là, je parlai à Jay.

— C'est le plan de Dieu le plus élevé pour moi. C'est la chose *la plus excellente* qu'il avait en réserve pour ma vie. Après toutes ces années où j'ai dû accepter mon sort de handicapée, et surtout de célibataire, Dieu récompense maintenant ma patience et ma confiance. Donald est la réponse à mes prières !

J'étais follement heureuse. Même lorsque j'avais l'usage de mes membres, je ne l'avais jamais été autant ! Nous parlions avec enthousiasme de vivre et servir Christ ensemble.

En réfléchissant à cela et à la volonté de Dieu à cet égard, j'ouvris les Ecritures. Partout où je regardais, les versets me sautaient aux yeux pour confirmer mes pensées :

L'Eternel ne refuse aucun bien à ceux qui marchent dans l'intégrité (Psaume 84. 12).

Tout don parfait descend d'en haut (Jacques 1. 17).

— Donald est mon « bien », mon « don parfait » de la part du Seigneur ! dis-je à Jay.

Elle hocha la tête :

— Je ne sais pas, Joni. Ne vois pas plus que ce qui est écrit.

Je composai un chant exprimant mes pensées et donnai le poème à Donald :

> *Je me suis éveillée ce matin,*
> *à la vue de la lumière*
> *brillante, dorée et douce,*
> *et j'ai pensé qu'il était juste*
> *de louer mon Dieu*
> *pour ce matin radieux*
> *— et pour toi !*
>
> *Etendue ici, mon esprit*
> *repose avant le sommeil,*
> *dans les couleurs estompées*
> *du soleil couchant.*
> *Souriante, je continue à louer Dieu*
> *pour le soir*
> *— et pour toi !*
>
> *Le cheminement de mes pensées*
> *évoque les rêves du passé*
> *et ceux de l'avenir.*
> *Je loue mon Dieu pour le présent*
> *— et pour toi !*

J'étais tellement heureuse ! Je n'avais jamais imaginé que quelqu'un m'aimerait un jour comme femme, alors que j'étais clouée à mon fauteuil. Je suppose que c'est pour cela que j'étais si émerveillée et excitée.

* * *

Peu avant Noël, Donald et moi eûmes notre première dispute. Nous avions passé beaucoup de temps ensemble et je commençais à devenir exigeante. J'étais même ennuyée quand il devait aller travailler. Je voulais passer tout mon temps avec lui ; je voulais que son existence tournât autour de moi.

Lorsque de jolies jeunes filles de l'église ou des groupes de jeunesse venaient nous rendre visite, j'étais jalouse de le voir rire et bavarder, j'aurais voulu être sur pied pour attirer son attention.

J'avais de plus en plus de peine à me nourrir de la Parole de Dieu et à prier. Il était difficile de parler de choses spirituelles après lui avoir reproché :

— Pourquoi n'es-tu pas venu me voir hier soir ?

Par conséquent, ma vie de prière fut réduite à néant. Mes sentiments pour lui prenaient toute la place.

Donald réagit avec force. Il me montra que je me comportais d'une façon ridicule, comme une écolière possessive. Je lui demandai pardon et lui promis de ne plus exiger qu'il me consacre autant de temps et d'affection, mais, malgré cela, je continuais à céder à des craintes déraisonnables.

Donald décida que nous avions tous deux besoin de nous séparer momentanément et il projeta de faire un voyage en Europe en janvier 1972. Je résistai, prenant ses plans pour un reproche personnel puisqu'il voulait s'éloigner de moi.

— Je trouve simplement qu'il nous faut rester seuls quelque temps, Joni, m'expliqua-t-il. Surtout, n'imagine rien d'autre.

Puis il ajouta :

— Il y a longtemps que je désirais faire ce voyage. Les copains et moi n'aurons probablement plus jamais d'occasion comme celle-ci !

Dickie et Dave Filbert partirent avec lui pour l'Europe.

Intérieurement, je me débattais contre toutes sortes de peurs irraisonnées. Pour la première fois, je craignais pour notre amour. Et s'il me laissait ? Et s'il ne suffisait pas à la tâche ? Et si c'était un échec ?

Le voyage dura trois semaines. Je reçus des lettres et des cartes postales de Suisse, d'Allemagne, de France et d'autres endroits qu'ils visitèrent. Les messages étaient tous pareils : je lui manquais, il m'aimait et souhaitait que je fusse avec lui.

A son retour, il entra comme une bombe à la maison en s'exclamant :

— Tu m'as tellement manqué ! Je ne pouvais pas attendre de rentrer.

Il devint plus aimant et sensible que jamais.

Donald et moi commençâmes à parler d'une guérison possible. Jusqu'alors, j'avais accepté mon sort. Mais mon désir d'être femme à part entière me conduisit à réclamer avec insistance l'accomplissement des promesses que Dieu, me semblait-il, avait mises dans sa Parole pour moi. Après tout, raisonnais-je, c'est afin de nous enseigner qu'il permet la souffrance et la maladie. Dans ce sens, mon accident m'a été extrêmement profitable. Mais maintenant que j'ai appris ce qu'il voulait que je sache, il pourrait me guérir. Cela doit être une nouvelle aventure de foi, l'étape suivante de mon développement spirituel.

Bien sûr, physiologiquement, je ne pouvais pas guérir : mon mal était permanent. Pourtant, je savais que rien n'est impossible à Dieu. N'avait-il pas guéri, par Christ, toutes sortes de maladies et de paralysies ? Il avait ressuscité des morts.

De nos jours même, il se produisait des miracles. J'avais entendu parler de bien des cas de maladies *permanentes, incurables* ou de dommages accidentels *fatals* qui avaient été guéris.

Donald et moi lisions Jacques 5 et d'autres passages, en

nous appuyant sur l'idée que c'était la volonté de Dieu que je me rétablisse. Le Seigneur semblait nous parler par les chapitres 14 et 15 de l'évangile de Jean et par bien d'autres textes, et nous nous mîmes à prier avec un regain d'enthousiasme et de gratitude.

Nous étions certains que la connaissance de la volonté de Dieu était une question de circonstances, de foi en son amour, d'assurance en sa Parole et de dépendance de la puissance du Saint-Esprit. C'était avec un nouvel optimisme que nous envisagions de partager notre existence.

— Nous sommes absolument convaincus que Dieu veut me guérir ! déclarai-je à Diana.

— Joni, c'est de la folie. Vous êtes en train de forcer la main à Dieu. C'est du chantage ! Vous n'êtes pas réalistes ! me répondit Diana.

— Diana, lui dis-je d'un ton de reproche, je suis surprise de t'entendre parler ainsi. Je croyais que tu avais plus de foi que ça ! Tu dois croire que Dieu veut réellement me guérir.

Donald et moi priions que Dieu permette des circonstances qui nous incitent à nous confier en lui. Je me mis à dire à mes amis que Dieu allait bientôt me guérir. Chaque fois que nous nous retrouvions, Donald et moi, nous intercédions pour que ce fût bientôt.

— Seigneur, nous avons la foi. Nous croyons ta Parole. Tu désires que nous soyons en santé et capables de mieux te servir ! priait Donald.

Et j'ajoutais :

— Merci, Seigneur, pour les leçons de confiance et de patience que tu m'as enseignées à travers mes souffrances. Et merci pour ce que tu prépares pour ta gloire, ma guérison selon tes promesses !

Tout en continuant de prier à ce sujet, nous fîmes le projet d'assister à un service dans une église pratiquant le ministère de guérison tel que le présente Jacques 5.

Plusieurs amis m'accompagnèrent. Les anciens posèrent leurs mains sur moi et m'oignirent d'huile, selon l'injonction des Ecritures. Ils lurent des promesses de la Bible et prièrent pour moi.

Avec toute la foi, la dévotion et la consécration que nous pouvions trouver dans nos propres ressources intérieures, Donald et moi priâmes, pleins de confiance.

Je n'attendais pas une guérison immédiate, mais plutôt une lente amélioration, puisque ma rééducation avait pris près de deux ans. Il était logique de penser que Dieu me rétablirait progressivement, raisonnais-je.

Mais, après plusieurs tentatives et de nombreux services de guérison, il devint clair que je ne guérirais pas. Je pouvais l'accepter, mais je me sentais frustrée, probablement plus pour Donald que pour moi-même.

Donald était tendu. Il remettait en question tout ce qui s'était passé. Il ne comprenait pas, lui qui avait tellement compté sur cette prière de foi, restée inexaucée. Son introspection se poursuivit et il se mit à passer plus de temps loin de moi, ce que je ressentis jalousement.

Quand Steve vint en congé, lui, Diana et moi-même discutâmes des raisons possibles pour lesquelles Dieu ne répondait pas à nos prières. Diana me demanda :

— Pourquoi supposes-tu qu'il n'a pas voulu ta guérison ?

— Je ne sais pas !

Steve intervint :

— Tu sais, je pensais à cela en lisant récemment le chapitre 11 de l'épître aux Hébreux. Tu connais ce passage ?

— Bien sûr ! Il s'agit du peuple de la foi, répondis-je.

— Oui ! Il dit qu'il y a deux catégories de personnes : celles dont la foi a été récompensée et celles dont la foi ne l'a pas été. Toutes sortes de délivrances extraordinaires et fantastiques arrivaient aux uns. Les autres ont été lapidés, sciés, torturés, n'ont pas obtenu ce qui leur était promis et n'ont pas reçu de récompense visible.

— Et tu penses que je suis dans cette catégorie-là ? demandai-je.

Steve se pencha en avant pour répondre.

— Oui, je crois. Pour l'instant, du moins. Mais pas pour toujours. La deuxième épître aux Corinthiens, chapitre 5, parle du merveilleux corps de résurrection que tu recevras un jour, à la place d'un corps terrestre inutile. Nous vivons dans des tentes maintenant, des demeures temporaires. Mais un jour, nous vivrons dans des temples, c'est-à-dire des corps parfaits et permanents.

— Mais que fais-tu de ces textes sur la foi ? protestai-je.

Steve saisit mon genou pour souligner ses paroles, comme si je pouvais sentir sa pression :

— Mais c'est ce que j'essaie de t'expliquer ! Te souviens-tu du guérisseur par la foi qui t'a dit : Je crois que c'est la volonté de Dieu que vous guérissiez !

— Oui !

— Eh bien, je le crois aussi. Je crois que c'est la volonté de Dieu que tous soient guéris. Mais peut-être ne sommes-nous pas d'accord quant au temps où cela se produira. Je crois, en effet, que c'est sa volonté, mais apparemment cela n'a pas la priorité sur d'autres choses. Tu guériras, mais probablement pas avant d'avoir reçu ton corps glorifié !

J'argumentai :

— Mais Dieu guérit d'autres gens !

— Oui, je sais. Je ne conteste pas sa souveraineté, répondit-il.

Diana ajouta :

— Mais, pour guérir quelqu'un d'une manière surnaturelle, il doit avoir des raisons. Par exemple, il semble y avoir beaucoup de miracles de guérison au-delà des mers, dans les terres de missions. Là où les gens ne possèdent pas la Parole de Dieu écrite, un témoignage plus concret, comme des signes et des miracles, peut être nécessaire pour les attirer à Christ.

— Oui, c'est possible ! dis-je.

Steve continua :

— Dans notre civilisation, ce ne serait ni approprié, ni nécessaire. La presse à sensation en changerait la portée et la situation serait complètement faussée. Dieu ne recevrait pas la gloire qui lui est due et le but lui-même serait manqué.

— C'est peut-être bien la raison, remarquai-je.

Diana fit un signe d'assentiment.

— C'est une dangereuse méconnaissance de la Bible de dire catégoriquement que c'est la volonté divine que tout le monde soit en santé. On voit bien que tout le monde ne l'est pas.

— C'est vrai ! Nous poursuivons la perfection, mais nous ne l'avons pas encore atteinte. Nous continuons à pécher. Nous nous enrhumons toujours. Nous nous cassons les jambes et la nuque, dis-je, ajoutant : Plus j'y pense, plus je suis convaincue que Dieu ne veut pas la santé pour chacun. Il se sert de nos problèmes pour sa gloire et notre bien.

En réfléchissant à cela, je me rappelai plusieurs familles pieuses frappées par une tragédie ou la maladie. Beaucoup de ceux qui aiment vraiment le Seigneur sont les plus éprouvés et font partie de cette catégorie. Les relations de l'homme avec Dieu, aujourd'hui et dans notre civilisation, sont basées sur sa Parole plutôt que sur des signes et des miracles.

— Tu sais, reprit Steve, il n'y a pas de différence quant à la puissance de Dieu. Peut-être as-tu toi-même plus de crédibilité dans ton fauteuil roulant que si tu étais sur tes pieds.

— Que veux-tu dire ?

— Tu connais le mot grec pour dire la *puissance de Dieu*. Je crois que c'est *dunamos*.

— Oui ! C'est de là que vient le mot dynamite.

— Ou dynamo, compléta Steve. Les deux termes signifient une grande puissance. Le premier parle d'une énergie explosive, le second d'une énergie contrôlée et utile. Une expérience de guérison ressemblerait à une explosion de l'énergie de Dieu qui t'arracherait de ton fauteuil roulant. Mais cela demande aussi de la puissance de rester dans le fauteuil, une puissance contrôlée qui circule dans ton être et te rend capable d'accepter la situation.

Pendant les mois qui suivirent, Donald et moi discutâmes souvent de cela et de beaucoup d'autres choses, mais nous évitions tacitement de parler de notre avenir.

Puis, un jour, quand Donald arriva, je sentis qu'il était étrangement tendu. Finalement, à voix basse, il dit :

— Joni, cet été, je serai conseiller à New York dans un camp de *Jeune vie*. Je pars demain. Je suis venu te faire mes adieux.

Je pensai : *Voilà qui est bien ! Nos relations ont été un peu pénibles dernièrement. Nous avons tous deux besoin de répit, comme quand Don est parti pour l'Europe.* Mais j'étais étonnée de l'accent de décision que Donald avait mis sur l'expression *mes adieux.*

— Que veux-tu dire, tes adieux ? Tu seras loin plusieurs semaines, mais...

— Non, Joni ! Voilà ce qui en est. Je regrette ! Nous n'aurions jamais dû permettre à nos relations de se développer ainsi. Je n'aurais jamais dû t'embrasser. Nous n'aurions jamais dû partager tant de choses. Nous n'aurions jamais dû parler et rêver mariage. C'était une erreur.

— Une erreur ! Que veux-tu dire ? N'est-ce pas toi qui m'as poussée à cela ? Tu m'as embrassée et tenue dans tes bras. J'ai passé de la peur à l'espoir parce que tu m'as dit que tu m'aimais et que tu désirais que nous construisions ensemble notre vie. Donald, j'ai partagé si profondément tant de choses avec toi, bien plus que je ne l'ai jamais fait avec ma propre famille. Et maintenant, tu t'en vas, tout simplement ? Maintenant, tu dis que c'était une erreur, tu me faisais marcher !

Ma voix se mit à trembler alors que j'essayais désespérément de rassembler mes mots et mes pensées. Je versais de brûlantes larmes de rage. J'avais envie de me jeter sur lui et lui donner des coups de poing. Tout ce que je pouvais faire était de rester assise et sangloter !

— Je jure que je ne t'ai jamais fait marcher, dit Donald avec fermeté. J'ai cru sincèrement que je pourrais faire ce que je me proposais. Mais c'était faux. C'est impossible ! Tout cela est une erreur !

— Oh ! mon Dieu ! Qu'est-ce que ça veut dire ? Est-ce que c'est bien vrai ?

La panique s'empara de moi lorsque je regardai Donald, debout à l'autre extrémité de la chambre et me disant adieu. Qu'est-ce qui se passait ? Il était entré dans ma vie et m'avait donné le sentiment d'être attrayante et utile, une vraie femme. Je ne pensais pas que personne pourrait jamais m'aimer comme lui. Je ne croyais pas qu'il me fût possible d'aimer quelqu'un d'autre aussi profondément que je ne l'aimais.

Je tâchai de retenir mes larmes et lui dis :

— Peut-être as-tu besoin d'un temps de réflexion pour reconsidérer...

— Non, Joni ! J'y ai pensé très sérieusement. Il n'y a pas de retour en arrière. C'est fini. Je regrette.

Là-dessus, il fit demi-tour et ouvrit la porte.

— Donald ! Ne me quitte pas ! Attends, Donald !

— Adieu, Joni ! dit-il calmement, et il referma la porte derrière lui.

— Non ! Oh ! mon Dieu, pourquoi permets-tu cela ? Pourquoi me fais-tu tant souffrir ?

14

Et ainsi, sur un simple adieu, Donald sortit de ma vie. Mon cœur et mon esprit étaient indignés. *Comment peut-il être si cruel, après avoir été si aimant et tendre ?*

Pourtant, quand j'eus retrouvé mon calme, je vis qu'il n'avait pas eu l'intention d'être méchant. C'était tout simplement sa manière, sans feinte et sans hypocrisie, avait-il dit.

Quand il s'en était allé, j'avais compris que c'était définitif. Il ne m'avait pas laissé d'espoir trompeur ni de fausses impressions. C'était bien la façon la moins douloureuse qu'il avait employée.

J'appris que Dick et Donald, de bons amis depuis l'école, avaient examiné le problème ensemble. Dick, qui avait connu le même désarroi au sujet de ses relations avec moi, avait averti Donald de ne pas se laisser emporter par ses sentiments.

— Je sais exactement ce que Don a éprouvé, me raconta Dick plus tard. J'avais été déchiré quand tu m'avais écrit de Californie que tu voulais que notre relation ne soit qu'amicale. Je savais pourquoi tu agissais ainsi, mais je ressentais et ressens encore beaucoup d'amour pour toi. Toutefois, j'admets que tu as eu raison en ce qui concerne mon aptitude à faire face à tout ce que ton état physique demande. J'étais prêt à me consacrer à toi. Peut-être me connaissais-tu mieux que je ne me connais moi-même ; peut-être ne croyais-tu pas que je puisse réussir. Je ne sais pas. Mais, en tout cas, puisque nous ne sommes que bons amis depuis deux ans, j'ai été content quand Don et toi vous êtes aimés. Je priais qu'il puisse faire tout ce dont j'étais incapable moi-même et que vous soyez réellement heureux ensemble.

— Alors, que s'est-il passé ? Qu'est-ce qui n'a pas été ? demandai-je.

— Je ne sais pas. Je me suis aperçu que Don se posait des questions. A plusieurs reprises, il m'a confié qu'il n'aurait jamais dû lâcher la bride à ses sentiments. Je suppose que, étant plus âgé et probablement plus sage que moi, il a vu, comme toi à mon sujet, que, avec le temps, bien des jeunes hommes ne peuvent s'accommoder d'un fauteuil roulant. Du moins, il semble que ce soit le cas pour Don et moi.

Ma peine fut d'autant plus douloureuse que je continuai à entendre parler de Donald. Il écrivait aux enfants que nous avions conseillés tous deux. J'étais fâchée et pleine de ressentiment lorsque des jeunes avec lesquels nous avions prié et que nous avions aidés recevaient ses lettres et restaient en contact avec lui.

J'avais été avertie de ne pas laisser mon affection pour Donald prendre une trop grande place dans ma vie. Jay et Diana m'avaient bien souvent pressée d'être prudente, mais je ne les avais pas écoutées. Et maintenant, mes espoirs et mes rêves de mariage étaient définitivement détruits !

Pourquoi, mon Dieu ? Je ne comprends pas. J'éprouvais de la rage contre Donald, de la pitié envers moi-même et une colère jalouse pour ceux qui lui étaient encore proches.

Une jeune fille de l'école secondaire, une toute nouvelle chrétienne que lui et moi avions conseillée, vint me lire une lettre de Donald lui racontant la manière surprenante dont Dieu agissait dans sa vie. Elle ne savait pas, naturellement, ce qui s'était passé entre nous. Elle était venue simplement partager les nouvelles encourageantes qu'elle avait reçues. Ma jalousie éclata et des larmes brûlantes coulèrent de mes yeux.

Lorsque je me retrouvai seule, j'eus honte de ma réaction. Avais-je agi d'une façon chrétienne ? Je cherchai du réconfort dans un passage familier de l'Ecriture, l'épître aux Corinthiens, chapitre 13, le chapitre de l'amour. Mais en lisant, je fis mentalement certains changements.

Quand je parlerais les langues des hommes et des anges, si j'éprouve de la convoitise, je suis un airain qui résonne, ou une cymbale qui retentit. Quand j'aurais le don de prophétie, la science de tous les mystères, une foi absolue, mais la convoitise, je ne suis rien. Et quand je distribuerais tous mes biens pour la nourriture des pauvres, quand je livrerais même mon corps pour être brûlé, si j'éprouve de la convoitise, cela ne sert de rien. La convoitise perd vite patience ; elle est possessive ; elle cherche à impressionner les autres, elle s'enfle d'orgueil. La convoitise se conduit mal et poursuit des buts égoïstes. Elle est susceptible...

En substituant le terme *convoitise* au mot *amour,* je compris ce qui avait été faux dans nos relations. J'avais *convoité* Donald, son temps, son attention, sa présence, parce que je croyais en avoir le droit. Je voyais maintenant combien la convoitise était une passion consumante. C'était un désir ardent auquel je n'avais pas voulu renoncer. En fin de compte, j'avais perdu tout ce que j'avais essayé de gagner égoïstement.

Et voilà que la vérité de 1 Corinthiens 13 devenait évidente. L'amour vrai n'est pas égoïste, il est discipliné, garde l'empire sur lui-même, est patient, bienveillant.

Je me mis à sangloter amèrement en constatant ma faute. Cette fois, pourtant, ma souffrance me conduisit au Seigneur plutôt qu'à l'introspection et à l'apitoiement. Je relus les Ecritures qui m'avaient aidée à surmonter mes déceptions dans le passé.

Je décidai de ne plus écouter les oiseaux. Ils me rappelaient les temps heureux où Donald et moi allions dans les bois pour de paisibles retraites ; c'était la seule manière de l'éloigner consciemment de mes pensées. Il était déjà assez difficile d'être en plein air avec tous ces souvenirs. Comment puis-je décrire mes sentiments ? Pendant une année, mon esprit avait cherché à atteindre un but : mon mariage avec Donald. J'avais cru que nos plans faisaient partie de la volonté de Dieu à notre égard. Puis, en une brève journée, mon rêve s'était désintégré sous mes yeux et il ne restait pas la moindre lueur d'espoir qu'il pût revivre.

Je me souvins de ce que m'avait dit une fois Steve au sujet du chapitre 3, verset 27, des Lamentations de Jérémie.

— Joni, Dieu doit avoir ses raisons pour permettre cela. Jérémie dit *qu'il est bon pour l'homme de porter le joug dans sa jeunesse.* Peut-être ta vie aura-t-elle une bien plus grande valeur dans l'avenir parce que tu passes maintenant par cette épreuve.

— Seigneur ! priai-je. Qu'en est-il de ce don excellent mentionné dans ta Parole ? Qu'es-tu en train de faire ?

Je me rappelai le passage des évangiles où Pierre et Jean interrogeaient Jésus comme je le faisais en cet instant. *Que t'importe ?* fut la simple et nette réponse du Maître. Jésus ne dorlota pas Pierre ni ne lui permit de se prendre en pitié. Il lui dit en fait : Pourquoi t'inquiètes-tu de cela ? C'est sans importance ! Garde les yeux fixés sur moi.

J'appris ainsi que la vérité de Dieu n'est pas toujours agréable ni réconfortante. Parfois, son amour doit user de dureté et faire de sérieux reproches.

Je lus d'autres versets :

Regardez comme un sujet de joie complète les diverses

épreuves auxquelles vous pouvez être exposés, sachant que l'épreuve de votre foi produit la patience (Jacques 1. 2). C'était une leçon que Dieu m'avait déjà enseignée quand j'étais à l'hôpital et au cours des années suivantes.

Rendez grâces en toutes choses... Toutes choses concourent au bien...

Je m'obligeai à retourner à la Parole de Dieu. Je ne me lamentai pas excessivement ni ne versai un déluge de larmes. Dieu me testait simplement une nouvelle fois pour voir si je croyais en sa vérité, son amour et ses intentions.

Les lettres de Donald à nos amis communs vibraient du témoignage que Dieu était à l'œuvre dans sa vie. De plus en plus, il parlait de croissance spirituelle et de progrès. Après le long été, il écrivit à des connaissances qu'il avait rencontré une charmante jeune femme alors qu'il travaillait au camp. Je sentis l'aiguillon de la souffrance en apprenant que Donald était amoureux de quelqu'un d'autre. Mais le Seigneur semblait me redire : Que t'importe ?

J'écrivis à Steve, à l'école biblique, et lui ouvris mon cœur. Il me répondit en m'assurant de sa sympathie et de ses prières. Sa lettre se terminait par une promesse du Psaume 40, verset 12 : *Ta bonté et ta fidélité me garderont toujours,* et me faisait remarquer que, quelles que soient les souffrances imposées par son école, Dieu nous traite constamment avec amour. Ce passage et d'autres me soutinrent tout au long de ce temps difficile.

Il m'était dur d'accepter que Donald ne fût pas la volonté de Dieu pour moi, le *meilleur* qu'il m'avait réservé.

— Mais, Seigneur, si ce n'est pas Donald, je crois que tu as quelqu'un ou quelque chose de mieux pour moi. J'ai confiance que tu l'amèneras dans ma vie.

J'avais entendu un prédicateur dire que *Dieu ne ferme jamais une porte sans ouvrir une fenêtre. Il nous donne toujours du meilleur quand il nous prive de quelque chose.*

Je m'emparai de cette promesse. Aujourd'hui, en regardant en arrière, je vois clairement que Dieu savait ce qui valait mieux pour moi. J'avais cru voir dans les circonstances et les Ecritures la preuve que Donald devait faire partie de ma vie. Il m'avait été facile de m'écrier : Dieu veut que nous soyons heureux, n'est-ce pas ? et de faire dire aux versets ce qui convenait à mes souhaits. Je suppose que j'avais toujours su que cela n'aboutirait pas, mais j'avais voulu me persuader que la volonté de Dieu était que Donald construisît sa vie autour de moi.

Après mon accident, je m'étais accrochée à Dick, puis à Jay, à Diana, et ensuite à Donald. Il me fallait leur affection, leur soutien pour mes besoins émotifs. Et voilà que je me sentais libérée. C'était comme si j'avais enfin conquis mon indépendance sentimentale en devenant entièrement dépendante de Dieu.

Un jour, assise dehors et réfléchissant paisiblement, je priai :

— Seigneur, je voudrais avoir su tout cela plus tôt, je voudrais m'être rappelé que ta grâce me suffit.

Là, sur la pelouse à l'orée du bois, des textes bibliques me revenaient l'un après l'autre à la mémoire pour me réconforter.

— Seigneur ! Révèle-toi à moi, maintenant même.

Une paix et une joie profondes inondèrent mon esprit et mon âme. Puis je levai la tête. Comme un symbole de l'amour de Dieu, un papillon descendit d'un arbre et voleta à quelques centimètres de moi. C'était à la fois saisissant et magnifique.

— Seigneur ! Merci de ta bonté et merci de m'avoir envoyé ce papillon en ce moment précis pour témoigner si délicatement de ta présence paisible et compréhensive !

Je me promis de penser à la bonté de Dieu chaque fois que j'apercevrais un papillon.

Durant cet été spécial et difficile, je passai de longues heures en plein air, retirée avec le Seigneur, méditant ses voies, tout en consacrant mon temps et mon énergie à mon art. Le dessin m'intéressait toujours plus, et il me semblait que mon travail s'améliorait. Il s'y trouvait une qualité qui n'existait pas auparavant, je ne savais pas quoi, mais d'autres personnes remarquaient aussi la différence.

Ce fut une transition lente, quoique moins pénible que je ne m'y étais attendue. Je voyais Donald dans une nouvelle perspective, avec une plus grande compréhension. Il avait fait ce qui était juste et bon, même si cela nous faisait mal à tous deux, car je sais maintenant qu'il en souffrit autant que moi.

Nous avions été aveugles aux sérieuses conséquences qu'une telle union aurait entraînées. Quand on aime, l'amour s'exprime par des actes.

S'il n'y a pas de débouché, notre imagination veut nous persuader que *tout ira bien*. Les gens nous avertissent, mais nous préférons ne pas les croire.

Beaucoup de jeunes gens ne tiennent pas compte de la réalité. Ils savent que quelque chose ne va pas dans leur relation, mais ils vont de l'avant malgré tout, comme nous l'aurions fait nous-mêmes, convaincus par leurs propres désirs.

En regardant en arrière, je remercie Dieu pour cette amitié. Il y a tant de choses que je n'aurais jamais apprises si Donald n'était entré dans ma vie et ne m'avait quittée ensuite ; c'est pour cela que je loue Dieu. Je suis particulièrement reconnaissante qu'il m'ait aidée à accepter notre séparation sans conserver de sentiments d'amertume ou de désespoir.

J'appris même la nouvelle des fiançailles de Donald en me réjouissant honnêtement de ce que lui aussi avait trouvé la volonté de Dieu pour sa vie. Un soir, lors d'une étude biblique, un ami s'approcha de moi. Avec hésitation, il me dit :

— Heu... Joni ! Je voudrais te dire quelque chose avant que tu ne l'entendes de quelqu'un d'autre.

— Jimmy, tu n'as pas besoin de m'en dire davantage ! Je sais.

— Vraiment ? Tu sais déjà que Donald est fiancé ? Comment ?

— Eh bien, dis-je en souriant, je pense que je le savais, tout simplement !

Je fus stupéfaite par la manière dont Dieu m'aida dans ce qui aurait pu être une rencontre douloureuse. Trois semaines plus tard, à l'étude biblique, Donald amena Sandy, une belle jeune veuve qui avait perdu son mari dans un accident, et elle se trouva assise à côté de moi. Elle savait qui j'étais. En toute autre circonstance, cette coïncidence aurait pu être pour le moins embarrassante. Je me tournai vers la charmante personne au teint foncé, dont le physique allait si bien avec celui de Donald, et lui dis :

— Sandy, je suis contente de faire votre connaissance ! Je veux que vous sachiez que je suis sincèrement heureuse pour vous et Donald.

Elle sourit et me remercia. J'ajoutai :

— Je prie pour vous deux tous les soirs. Je loue le Seigneur de ce qu'il a fait dans nos vies à tous les trois. Je suis enchantée pour vous, surtout à cause de votre volonté de servir Christ.

Et c'est avec une entière sincérité que je pus dire cela.

Mes amis et les membres de ma famille, qui savaient combien Donald et moi avions été attachés l'un à l'autre, s'étonnèrent grandement de mon attitude. Ils s'étaient attendus à ce que je m'effondre. Et ce serait probablement arrivé si je n'avais laissé le Seigneur prendre en main la situation.

Je commençais à voir la souffrance dans une lumière toute nouvelle, non plus comme l'épreuve à éviter, mais comme une occasion à saisir, car Dieu donne alors tout son amour, sa grâce, sa bonté.

Ma vie changea plus dans la seconde moitié de 1972 qu'au cours d'aucune autre période de mon existence, même celle de mes cinq premières années de fauteuil roulant.

Lorsque Donald sortit de mon chemin, il n'y avait personne vers qui je pouvais me tourner — sauf Dieu. Et comme le Seigneur s'était toujours montré fidèle jusque-là, ce fut en lui que je mis ma confiance.

15

En automne 1972, je commençai à me poser de sérieuses questions concernant mon avenir.

— Seigneur ! demandai-je. Si ce n'est ni l'université, ni Donald, alors quoi ? Qu'as-tu en réserve pour moi ?

Je croyais fermement que, si Dieu m'enlevait une chose, il la remplacerait toujours par une meilleure. Mon expérience m'avait enseignée à compter sur la souveraineté de Dieu. Le psalmiste avait dit : *Prends ton plaisir en l'Eternel ! Confie-toi en lui !* En le faisant, il me devint plus facile d'exprimer de la vraie reconnaissance pour tout ce qui était survenu dans ma vie, le mauvais comme le bon.

La douleur des quelques années écoulées avait contribué à ma maturité psychique, mentale et spirituelle. Je me sentais pleine d'assurance, indépendante, et m'en remettais entièrement au Seigneur pour tous mes besoins.

La souffrance a un but. Nous ne le voyons pas toujours clairement. L'apôtre Paul a souffert pour Christ. Son expérience a passé par l'emprisonnement, les coups, la lapidation, les naufrages et une épreuve physique qu'il nommait *l'épine dans la chair.* La bénédiction de la souffrance est décrite dans Romains 5. 3-5 : *Nous nous glorifions même des afflictions, sachant que l'affliction produit la persévé-*

rance, la persévérance la victoire dans l'épreuve, et cette victoire l'espérance. Or l'espérance ne trompe point, parce que l'amour de Dieu est répandu dans nos cœurs par le Saint-Esprit qui nous a été donné.

J'étais convaincue qu'il agissait dans ma vie pour produire, du chaos de la douleur et de la dépression, la grâce et la sagesse. Toutes ces expériences commençaient à trouver leur expression visible dans mon art. Au début, je dessinais pour le plaisir; ensuite afin d'occuper mon temps et, finalement, pour donner cours à mes sentiments au sujet de ce que Dieu accomplissait en moi. J'avais l'impression que mes travaux artistiques entraient dans le plan divin. Peut-être était-ce la *chose meilleure* qu'il me réservait.

Mais ce que je ne voulais pas, c'était que l'on admirât mes dessins seulement parce qu'ils étaient l'œuvre de quelqu'un qui vivait dans un fauteuil roulant et tenait une plume entre ses dents ! Je voulais qu'ils fussent bons en eux-mêmes par leur inspiration et leur exécution. Ce fut pourquoi je me sentis heureuse et fière d'exposer mes travaux lors d'un festival artistique local, pour leur propre valeur et non à cause de mon infirmité.

Cette fois, je me donnai entièrement à mon art. Je dessinai des choses parce qu'elles étaient belles et non pour traduire les émotions ou les souffrances que j'avais connues. Ce fut une exposition positive de dessins d'animaux, de scènes et de portraits exprimant l'espoir. En conséquence, elle fut appréciée. Les gens aimèrent les esquisses d'enfants, de montagnes, de fleurs et d'animaux sauvages à cause de la beauté des sujets.

Honnêtement, je sentais que c'était Dieu qui m'avait amenée là et qu'il avait encore pour moi de plus grandes bénédictions en réserve. Je ne l'aurais jamais cru un ou deux ans plus tôt, mais j'étais arrivée à comprendre que la *meilleure chose* était le célibat. Je lus dans 1 Corinthiens

6 et 7 que, pour certains, il pouvait y avoir une vocation plus élevée que le mariage. Une femme célibataire peut se consacrer à une vie sainte avec moins de distractions que si elle a un mari, une famille et une maison à entretenir, et j'étais libérée de la routine d'un foyer. Il est vrai que je ne connaissais pas les plaisirs et les privilèges du rôle de femme mariée, mais Dieu y avait substitué d'autres joies et j'étais plus que satisfaite. J'avais une entière liberté d'aller et venir, sans avoir à m'adapter à l'horaire d'une famille. Je pouvais voyager, travailler tard le soir, lire, parler et m'occuper à mon gré. C'était une grande indépendance.

On me disait souvent :

— Vous n'avez pas eu le choix quant au célibat. Vous pouvez donc l'accepter plus facilement que moi ! C'est pourquoi vous êtes heureuse ! Moi, je suis solitaire, frustrée et insatisfaite.

— Je doute que ce soit plus facile pour moi ! Toute personne qui a le célibat en perspective doit faire confiance à la sagesse de Dieu. Comme je ne me confiais pas en lui pour ma vie et cherchais à faire jouer sa volonté dans le sens que je désirais concernant Donald, j'ai aussi été frustrée. Mais lorsque je n'ai plus eu d'autre possibilité que l'acceptation, la confiance et la soumission, tout est devenu facile. Si nous acceptons ce *handicap* de la part de Dieu, nous sommes libérés de l'anxiété constante d'une recherche pleine d'interrogations, avec ses soucis et ses désespoirs. Ce qui cause le plus d'amertume et de chagrin, c'est notre inquiétude en pensant à notre avenir inconnu.

Une jeune fille me demanda un jour :

— Vous voulez dire que je dois abandonner tout espoir de me marier ?

— Je dis que le fait d'accepter le célibat met un terme au tourment de ne pas savoir ! répondis-je. Se soumettre à l'idée d'être célibataire pour toujours, avec tous les sacrifices que cela implique, c'est ce qu'il y a de plus difficile. Mais une fois que l'on a accepté, vivre ce rôle devient plus aisé.

— Cela n'implique-t-il pas l'abandon de l'idée du mariage ? observa-t-elle.

— Peut-être bien, mais ça ne veut pas dire que Dieu ne nous permettra pas de nous marier un jour. Peut-être le fera-t-il, peut-être pas. Ce que j'entends, c'est que nous marier ou non n'a plus d'importance, parce que nous lui en laissons le choix et la décision. Nous faisons confiance à son jugement, sachant que *toutes choses concourent ensemble au bien de ceux qui aiment Dieu.*

— Mais j'ai des besoins qui doivent être satisfaits et j'ai le droit de me marier !

— Seul Dieu est capable de nous dire quels sont nos droits et nos besoins. Vous devez lui reconnaître cette prérogative. Commencez votre existence comme célibataire, en donnant la priorité, dans votre travail et votre conduite, à ce qui le sert et le glorifie. En retour, Dieu accorde une vie riche et épanouie. A la place d'un seul partenaire, il nous donne de nombreux amis qui nous comblent affectivement et peuplent notre solitude.

— Est-ce là votre expérience, Joni ?

— Oui, et c'est mieux ainsi. Il se peut que Dieu vous rende la joie de vous marier quand vous la lui aurez abandonnée complètement. Mais s'accrocher à cet espoir et penser sans cesse à sa réalisation, c'est terriblement décevant !

Les jeunes écoutaient respectueusement quand je leur faisais part de ces idées. Mais j'apercevais toujours du doute dans leurs regards. Il leur était difficile de comprendre comment le célibat pouvait être meilleur que les joies du mariage.

— L'Ecriture déclare dans 1 Corinthiens 2. 9, leur rappelais-je : *Ce sont des choses que l'œil n'a point vues, que l'oreille n'a point entendues et qui ne sont point montées au cœur de l'homme, des choses que Dieu a préparées pour ceux qui l'aiment !* Dans ce passage, l'apôtre comparait l'homme naturel avec l'homme spirituel, mais je crois qu'il peut aussi s'appliquer à notre avenir terrestre.

— Que voulez-vous dire ? me demanda un jour une jeune fille.

— Eh bien, nous pensons, au sujet de l'amour et de la tendresse que nous pouvons vivre avec un jeune homme, à toutes les choses merveilleuses qui pénètrent notre cœur, notre esprit, nos oreilles et nos regards. Dieu dit : *Tout cela n'est rien comparé à ce qui vous attend !* Je ne sais pas encore ce que ça veut dire. Mais j'ai découvert que Dieu ne met jamais l'accent sur le présent, sinon en préparation de l'avenir. Notre sens de la réalité est limité. Ce n'est pas que je sois préoccupée du ciel et de l'au-delà, non, ça m'aide simplement à placer les choses dans leur vraie perspective.

— Mais ne pensez-vous pas que cette leçon s'applique à vous parce que vous êtes dans un fauteuil roulant ? me demandait-on habituellement.

— Non ! Je ne crois pas. C'est une vérité universelle. Beaucoup de personnes qui ne sont nullement infirmes doivent affronter le problème du célibat exactement comme moi. Cela peut être une source constante d'irritation et de désappointement ou, au contraire, une joie.

— Vous croyez que vous ne vous marierez jamais ?

— Non ! Je n'envisage pas un chemin à l'exclusion de l'autre. Je ne suis pas certaine de ne jamais me marier. Ni de me marier. Je suis heureuse, que je me marie ou non.

— Alors qu'en est-il de ceux qui ne sont pas arrivés au point d'accepter cela aussi aisément que vous ?

— Si vous êtes célibataire, sans projets ni perspectives, vivez comme si Dieu veut que vous restiez seul jusqu'à ce qu'il amène quelqu'un ou quelque chose de meilleur dans votre existence.

— A peu près comme le verset que vous venez de citer : Ce que l'œil n'a pas vu, ce que l'oreille n'a pas entendu, n'est-ce pas ? demanda quelqu'un.

— Oui ! Parfois, je me souviens d'expériences, de sensations : une course dans des champs herbeux, la nage dans un ruisseau clair et frais, l'ascension d'une montagne aride, le parfum d'une fleur ou une chevauchée, tout ce que je connaissais quand j'étais valide. Mais Dieu dit que toutes ces choses réunies ne peuvent se comparer à la gloire future qu'il m'a préparée. Comme je l'ai déjà dit, l'avenir est l'unique réalité qui compte. La seule chose que nous emporterons dans l'éternité, c'est notre caractère. Il est le seul moyen que nous ayons pour décider quelle sorte de personne nous serons dans toute l'éternité. C'est ce que nous *sommes* qui sera éprouvé par le feu. Il n'y a que les qualités de Christ dans notre personnalité qui survivront.

J'étais reconnaissante pour les occasions qui m'étaient données d'expliquer à d'autres comment Dieu était à l'œuvre dans ma vie. Je commençais à voir mûrir un dessein dans toutes ses interventions à mon égard et j'étais plus heureuse que je ne l'avais jamais été. Mes expériences m'apportaient une énergie créatrice et une maturité que je n'avais pas connues auparavant, et mon art lui-même exprimait une nouvelle qualité.

J'avais essayé différents papiers, plumes, crayons et fusains. Je tentais diverses techniques, choisissant finalement les éléments qui semblaient donner les meilleurs résultats. En me servant d'un stylo-feutre spécial très pointu, je dessinais avec précision. Je donnais mes dessins à des amis comme cadeaux de mariage et de Noël, et ces travaux artistiques me prenaient beaucoup de temps. Cependant, je n'avais pas encore trouvé de débouché qui me permît d'en tirer un profit pécuniaire et de devenir, par conséquent, plus indépendante.

Puis, un jour, Neill Miller passa au bureau de mon père en ville. C'était un homme d'affaires chrétien, compétent, énergique et bon. Il était l'un des chefs de la compagnie d'assurance sur la vie et les accidents Aetna. En outre, il était activement engagé dans plusieurs organisations de bienfaisance de Baltimore. Là où d'autres étaient arrêtés par les obstacles, Neill Miller, lui, voyait des occasions d'agir. Par ses efforts, des célébrités nationales s'étaient intéressées aux causes qu'il représentait et leur avaient consacré leurs services et leurs talents.

Pendant sa visite à mon père, M. Miller remarqua une de mes œuvres suspendue au mur.

— J'aime beaucoup ce dessin, M. Eareckson. Est-ce un original ? demanda-t-il.

— Oui ! En fait, c'est ma fille qui en est l'auteur, répondit papa.

— Vraiment ? C'est une artiste. Ce tableau a beaucoup de caractère et des détails réalistes. Son style est original, il manifeste une discipline inhabituelle, observa M. Miller.

— Merci ! Je le lui dirai.

Puis père ajouta :

— Cela vous intéressera de savoir que Joni est paralysée. Elle dessine en tenant une plume dans la bouche.

— C'est d'autant plus remarquable !

M. Miller se leva et examina le dessin de plus près.

— Extraordinaire. Absolument extraordinaire !

Papa expliqua :

— Elle n'a jamais eu de formation académique. J'ai été moi-même artiste amateur toute ma vie et je suppose qu'elle a hérité de moi cet intérêt. Mais son talent et son style lui appartiennent en propre.

— A-t-elle déjà exposé ? demanda M. Miller.

— Non, pas vraiment. A une ou deux occasions. Elle

203

dessine pour le plaisir, surtout pour ses amis et sa famille.

— Eh bien, s'exclama M. Miller, nous ne pouvons pas laisser passer inaperçu un tel talent. Aurait-elle une objection à ce que j'organise une modeste exposition de ses travaux ?

— Oh ! je suis sûr qu'elle en serait enchantée !

— Bien ! Laissez-moi réfléchir à ce que je peux faire. Je reprendrai contact avec vous !

Un peu plus tard, M. Miller téléphona à papa qu'il avait arrangé une petite exposition dans un restaurant en ville. Père apporta tous mes travaux originaux des derniers mois au restaurant Town and Country, au centre de Baltimore. C'était un lieu de rencontre populaire et prestigieux d'hommes d'affaires et de personnalités politiques.

Je m'attendais à une petite réunion toute simple de gens qui jetteraient un coup d'œil à mes dessins, converseraient un instant et repartiraient, comme je l'avais observé à d'autres expositions. J'espérais même en secret vendre un ou deux croquis.

Jay, Diana et moi-même partîmes en voiture le matin de l'événement. On nous avait demandé d'être sur place à dix heures. Alors que nous tournions pour entrer dans la rue du Sud et nous dirigions vers le restaurant, nous vîmes que l'avenue était fermée à la circulation.

— C'est étonnant ! remarquai-je. Il n'y a pas de travaux en cours ici. Pourquoi ont-ils bloqué une voie aussi importante ?

— Je n'en sais rien ! Je vais prendre cette petite rue, dit Jay.

— Attends ! Tu ne peux pas passer par là non plus. Il y a un agent qui dirige le trafic.

— Il doit y avoir quelque chose à la Chambre de commerce, remarqua Diana.

— Oui ! C'est peut-être un cortège pour l'anniversaire de Lincoln ! ajouta Jay.

Je m'exclamai :

— C'est un défilé ! Regardez !

Jay sourit et s'écria :

— Une fanfare ! Formidable ! Quel dommage que nous devions aller à l'exposition ! Nous aurions pu l'écouter !

— Peut-être que tu peux tourner là ?

Je ne pus terminer ma phrase. Nous vîmes *la chose* les trois à la fois et restâmes bouche bée, incrédules.

La fanfare jouait devant le restaurant. Et, sur la façade du bâtiment, était déployée une immense banderole avec ces mots : *Journée Joni Eareckson.* Une équipe de télévision attendait avec une foule croissante de curieux.

— Oh ! non ! Qu'est-ce qui se passe ? criai-je. Jay, vite ! Entre dans l'allée avant qu'on nous voie !

La voiture s'arrêta entre les bâtiments, invisible de la foule.

— Qu'est-ce que je vais faire ? demandai-je à Jay. C'est incroyable ! A quoi a-t-il pensé ?

— Eh bien, Joni, je n'ai jamais rien vu de pareil ! N'a-t-il pas dit une *petite* exposition ?

Nous restâmes assises quelques minutes, hésitantes. Quand il fut clair que nous n'avions pas le choix et devions aller de l'avant, Jay nous reconduisit devant le restaurant.

Je priai intérieurement que, dans sa nervosité, elle ne me laissât pas tomber en me sortant de la voiture avec l'aide de M. Miller pour m'installer dans ma chaise roulante. A mi-voix, je dis :

— Monsieur Miller, qu'avez-vous fait ?

Mais avant qu'il pût s'expliquer, je fus assiégée.

Les reporters de News American et de la télévision m'assaillaient de questions. Je clignais des yeux et cherchais timidement à rassembler mes idées. Un chauffeur en livrée s'approcha et me remit un superbe bouquet de roses. Un représentant officiel de l'hôtel de ville lisait une proclamation du maire annonçant une semaine d'art local et me souhaitant la bienvenue aux cérémonies de la Journée Joni Eareckson. J'étais stupéfaite et quelque peu embarrassée d'être le centre d'attraction.

— Est-ce que tout cela est vraiment nécessaire ? dis-je à M. Miller.

Je craignais que le but de l'exposition ne fût manqué ou, du moins, estompé par l'attraction que chacun portait au fauteuil roulant. Pourtant, ce ne fut nullement le cas et je m'en voulus de mon jugement hâtif. Peut-être devenue hypersensible, je m'attendais à la pitié habituellement manifestée aux invalides.

J'avais déjà fait l'expérience (fait confirmé d'ailleurs par la Fondation nationale des paraplégiques) de la difficulté qu'ont les personnes qui ne connaissent pas un infirme de l'accepter comme un égal intellectuel. Il se peut que j'exagère, mais je tiens énormément à ce que les gens jugent mon art ou mon témoignage chrétien strictement sur leurs propres mérites. Je ne veux pas que mon fauteuil soit le point de mire quand je parle aux gens, que ce soit d'art ou de Christ. *Je ne suis pas gênée par le fauteuil, aussi ne le soyez pas non plus !* ai-je envie de leur dire.

La cérémonie fut réussie et le côté artistique ne resta pas dans l'ombre. Ce fut le sujet primordial des questions des journalistes ; le fauteuil resta à l'arrière-plan.

M. Miller me dit :

— Joni, vous visez trop bas ! Vous ne voyez pas quelle bonne artiste vous êtes. Je regrette si tout ceci vous a embarrassée au premier abord. Mais je ne crois pas qu'il faille faire les choses petitement.

L'enthousiasme grandit au cours de la manifestation, qui se déroula ensuite comme toutes celles de ce genre. Les visiteurs me demandaient :

— Où trouvez-vous vos idées ?

— Combien de temps vous faut-il pour exécuter un tableau ?

— Avez-vous suivi des cours professionnels ?

Lorsque la foule fut moins dense, M. Miller vint me présenter un grand jeune homme. Ses mains étaient enfouies dans les poches de son veston et il paraissait mal à l'aise.

— Je voudrais que vous parliez ensemble, Joni.

Puis il se retira, nous laissant nous regarder d'un air emprunté.

— Je suis heureuse de faire votre connaissance, lui dis-je. Ne voulez-vous pas vous asseoir ?

Il s'assit silencieusement près de la table voisine, et je commençai à me sentir gênée.

Pourquoi était-il là ?

Il ne paraissait pas désirer parler avec moi. Mes efforts de conversation banale échouaient. Cependant, je pouvais lire dans son regard que quelque chose le troublait. Dans une nouvelle tentative, je lui demandai :

— Que faites-vous ?

— Rien !

Puis, presque comme une concession, il murmura :

— J'étais pompier. Mais je ne peux plus travailler.

— Ah ? *(Que dois-je dire maintenant ?)* Que s'est-il passé ?

— J'ai eu un accident.

— Oui ?

Il s'agita nerveusement sur sa chaise.

— Ecoutez, dit-il, je ne sais vraiment pas pourquoi je suis ici. Miller m'a dit que je devais venir parler avec vous. Que vous avez eu des moments difficiles il y a des années avec... avec... hum... votre handicap.

— Oui ! Certainement, c'était terrible. Je crois que je me serais ôté la vie si j'avais pu me servir de mes bras. J'étais complètement déprimée. Mais...

Je fis une pause pour lui faire comprendre que je ne

savais toujours pas quel était son problème. Son beau visage juvénile était déformé par l'angoisse. Soudain, sortant les mains de ses poches, il leva les bras. Mais il n'avait pas de mains... seulement des moignons cicatrisés là où elles avaient été amputées.

— Regardez ! Mes mains ont été brûlées dans un incendie et je ne les ai plus. Je ne peux pas l'accepter.

L'horreur, la rage refoulée et l'amertume éclatèrent et sa voix se brisa.

— Je sympathise, lui dis-je. Mais M. Miller avait raison. Je crois que je peux vous aider.

— Comment ? demanda-t-il brusquement. Je ne retrouverai jamais mes mains !

— Je sais ! Je ne voudrais pas paraître prétentieuse, mais j'ai passé par là. J'ai connu la fureur, le sentiment d'injustice à l'idée d'avoir été dépouillée du respect de moi-même. J'ai connu tout cela. C'est peut-être pire pour un homme qui veut être indépendant et subsister par ses propres moyens. Mais je crois pouvoir m'identifier à vous.

Je lui relatai quelques-unes de mes expériences à l'hôpital et aux Chênes verts et lui fis remarquer que son attitude était bien naturelle.

— Mais comment vous en êtes-vous sortie ? Comment faites-vous face à votre handicap ? Vous êtes courageuse et pas du tout cynique aujourd'hui. Où trouvez-vous la force de supporter ?

— Oh ! C'est toute une histoire ! Voudriez-vous la connaître ?

Il fit un signe affirmatif. Je lui expliquai comment une relation avec Jésus-Christ nous donne accès à Dieu et à toute sa puissance. Je lui racontai comment Dieu avait œuvré dans ma vie pendant les années écoulées et comment lui seul m'avait aidée à surmonter mes craintes et à assumer mes tâches quotidiennes. Puis je lui fis part du simple message de l'Evangile tel que je l'avais entendu à l'âge de quinze ans, dans un camp de *Jeune vie*.

Son visage s'éclairait alors que nous nous entretenions ensemble. Pendant près d'une demi-heure, je lui exposai les principes que Dieu m'avait enseignés. En me quittant, il dit :

— Merci, Joni ! Neill Miller avait raison. Vous m'avez aidé. Je vais encore essayer. Merci !

Aujourd'hui, ce jeune homme est de nouveau plein d'enthousiasme pour la vie et il est l'enseignant principal du Département des sapeurs-pompiers.

Entre-temps, l'exposition tirait à sa fin et il se vérifia que l'idée de Neill Miller devait lancer ma carrière artistique. En début de soirée, je fus confondue d'apprendre qu'il avait été vendu pour mille dollars de dessins originaux au prix de cinquante à soixante-dix dollars chacun !

La manifestation fut également commentée par la télévision de Baltimore. A cette occasion, je fus sollicitée de donner une causerie filmée sur mon activité artistique.

Seymour Kopf, du News American de Baltimore, consacra toute une colonne au même sujet.

— Pourquoi signez-vous vos dessins *P.T.L.* ? m'avait-il demandé.

Il rapporta intégralement ma réponse dans son article.

— Cela veut dire : Loué soit le Seigneur ! *(Praise the Lord)*. Vous savez, monsieur Kopf, Dieu nous aime. *Il s'occupe de nous !* Pour ceux qui aiment Dieu, tout, même ce qui m'est arrivé quand j'avais dix-sept ans, contribue à leur bien. Dieu a été bon pour moi. Il a imprimé l'image de Christ dans mon caractère, il a développé mon bonheur, ma patience, m'a fait trouver le but de ma vie. Il m'a accordé le contentement. Mon œuvre artistique reflète le pouvoir que Dieu donne à quelqu'un comme moi de s'élever au-dessus des circonstances.

Un peu plus tard, ce printemps-là, on m'invita à participer à une exposition locale. Grâce aussi à la première manifestation, les portes s'ouvrirent pour que je m'adresse à des clubs de femmes chrétiennes, des écoles, des groupes paroissiaux. Je parlais de mon activité et apportais en même temps mon témoignage chrétien. Je fis même une visite spéciale à la Maison-Blanche, où je laissai un de mes dessins pour la Première Dame du pays, Pat Nixon.

D'autres engagements à la télévision et à la radio me furent offerts et chaque contact public en amenait de nouveaux.

A ma grande joie, les ventes croissantes de mes travaux me donnèrent une certaine indépendance. Je ne serais plus un fardeau financier pour personne, mais serais en mesure de gagner ma vie. Je créai même des séries de cartes de vœux et de copies de plusieurs de mes dessins, qui se vendirent aussi très bien. Ma société commerciale fut nommée *Joni P.T.L.*

A peu près à cette même époque, un cher ami, Andy Byrd, me parla de son projet d'ouvrir une librairie chrétienne et me demanda de devenir son associée. Ken Wagner devint le troisième sociétaire de cette affaire, qui avait un côté enthousiasmant et, en outre, s'annonçait comme une solide entreprise commerciale. Plusieurs d'entre nous avions prié pour la constitution d'une librairie chrétienne dans le Baltimore occidental.

Finalement, en septembre 1973, après des mois de plans, de prières et de durs labeurs, la librairie Logos fut inaugurée au 1120 de la North Rolling Road. Peu avant l'ouverture, parmi les caisses de matériel, les livres à marquer et les fournitures, nous priâmes. Cette prière de consécration avait pour objet les nombreux passants qui défilaient devant le magasin, et nous demandions que celui-ci devînt un centre chrétien où les gens viendraient chercher du secours.

Je me servis aussi de la librairie pour vendre mes dessins originaux ou leurs copies. Ils se vendaient presque aussitôt que je les avais terminés. Avec le magasin, les conférences et les expositions, il m'était difficile de répondre à la demande. J'avais préparé un dépliant qui contenait un bref témoignage et que je distribuais largement. Il expliquait ma méthode inhabituelle de travail et ma foi en Christ, et devint un excellent instrument pour donner des conseils et témoigner de la puissance de Dieu dans ma vie à ceux qui s'arrêtaient pour regarder et me parler.

Toutes ces activités avaient pour but de m'aider à assurer mon indépendance et, ce qui était bien plus important, à glorifier Dieu.

16

Par un beau matin de la fin de l'été 1974, j'étais assise devant le ranch quand on m'appela au téléphone.

— Mademoiselle Eareckson, c'est l'émission Aujourd'hui de New York. Nous aimerions que vous paraissiez dans notre programme afin de raconter votre histoire et montrer vos dessins. Pouvez-vous venir ?

Mon cœur battait. L'émission Aujourd'hui !

— Bien sûr ! répondis-je. Je viendrai avec plaisir.

Jay se tenait près du téléphone et prit note des renseignements. Nous nous mîmes d'accord pour la date du 11 septembre.

Ma sœur me conduisit en voiture à New York avec nos amies Sheri Pendergrass et Cindy Blubaugh pour nous aider. Après nous être installées à l'hôtel, la veille de l'émission, nous nous rendîmes au centre Rockefeller afin de rencontrer le directeur. Il m'expliqua comment il procéderait et nous discutâmes des questions qui me seraient posées au cours de l'interview. Il sut me mettre à l'aise.

Tôt le lendemain matin, je me trouvais assise en face de Barbara Walters. Les projecteurs inondaient le plateau de chaleur et de lumière. La présentatrice sourit et jeta un petit coup d'œil à ses notes.

— Détendez-vous, Joni, me dit-elle cordialement. Etes-vous assise confortablement ?

— Oui, merci !

— C'est bien !

— Quinze secondes ! cria quelqu'un derrière les caméras.

Je n'étais pas aussi nerveuse que je le craignais, probablement parce que j'étais sûre de ce que je voulais dire et savais que mon témoignage serait entendu de millions d'auditeurs. J'ignorais ce que Mlle Walters avait l'intention de me demander, mais j'avais la certitude que rien de ce qu'elle dirait ne me mettrait mal à l'aise.

— Dix secondes !

— Seigneur ! priai-je rapidement. Accorde-moi la confiance, la sagesse, l'esprit d'à-propos ! Donne de la valeur à tout cela.

— Cinq !

J'avalai ma salive et humectai mes lèvres en regardant le directeur, sur l'estrade, comptant sur ses doigts :

— Trois, deux, un !

Une lumière rouge s'alluma sur l'une des caméras et Barbara Walters se tourna vers elle.

— Nous désirons vous montrer aujourd'hui une nouvelle collection de dessins, dit-elle. Comme vous le verrez, ils ont été exécutés avec un réel talent et, semble-t-il, d'une main habile. Mais les moyens employés n'ont pas été les mêmes que ceux des œuvres que vous avez vues jusqu'ici. L'artiste est Joni Eareckson, de Baltimore, Maryland.

Puis elle dirigea son regard vers moi et l'interview commença. Je ne me souviens plus de tout ce que je dis, mais Mlle Walters mena le dialogue d'une manière naturelle et agréable. Ses questions étaient intéressantes et nullement inquiétantes. Je l'aimai instantanément et j'eus le sentiment que je la connaissais bien, qu'elle était une vieille amie.

La caméra fit passer une série de mes dessins pendant

notre entretien. L'interview dura dix minutes, puis on la suspendit. Tandis que les stations américaines donnaient leurs informations locales, Mlle Walters m'interrogea encore cinq minutes pour les téléspectateurs de New York.

Il me fut possible de dire tout ce que je voulais. Ensuite, la speakerine me remercia et alla s'occuper de ses autres émissions de la journée.

Eleonor McGovern, l'épouse du sénateur, était également invitée ce jour-là. Après l'entrevue télévisée, nous eûmes une longue conversation. Elle me raconta que son mari, George McGovern, l'ancien candidat à la présidence, partageait lui-même certaines de mes convictions.

— Et cela, m'expliqua-t-elle, depuis le temps où il étudiait la théologie, avant de s'intéresser à la politique.

Puis nous parlâmes de ses propres croyances spirituelles. Je lui remis un dessin du Christ de ma composition et nous échangeâmes nos adresses afin de rester en contact.

Alors que l'équipe de production faisait de l'ordre, éteignait les lumières et recouvrait les lentilles des caméras, j'eus enfin le temps de réfléchir à ce qui s'était passé. Jay remarqua :

— Pense donc ! Tu as probablement parlé à vingt ou trente millions de personnes, ce matin, au sujet de ta foi. Quelle merveilleuse occasion !

Al Nagle et John Preston, directeur et sous-directeur de la division Paper Mate de Gillette, étaient devant le petit écran ce matin-là. Ils remarquèrent que j'utilisais une de leurs plumes ; aussi la compagnie organisa-t-elle plusieurs expositions à l'échelon national.

Beaucoup d'autres spectateurs de l'émission Aujourd'hui m'écrivirent. Les uns désiraient des copies de mes œuvres, d'autres commandèrent des cartes de vœux et certains me posèrent des questions au sujet de mes expériences.

Ma première exposition parrainée par Paper Mate se tint pendant une semaine à Chicago, aux prestigieuses galeries

214

Rubino, à la rue LaSalle, à l'ombre du fameux Centre John Hancock. J'y fis des démonstrations journalières de ma méthode de travail et fus interviewée par la *Chicago Tribune* et le *Sun Times*. Je parus aussi à la télévision de Chicago dans le *Lee Philipp Show*.

A mon retour à la maison, une montagne de courrier m'attendait. Je commençai à être inondée de demandes d'interviews. Des expositions eurent lieu au Centre Lincoln de New York et à l'Atlantic Richfield Plaza de Los Angeles. Des dizaines d'églises et de groupes chrétiens m'invitèrent à leur rendre visite pour leur parler. Des magazines et des revues chrétiennes publièrent des reportages et je fus présentée à d'autres émissions radiophoniques et télévisées.

Ainsi le Seigneur utilisa l'émission Aujourd'hui pour élargir ma sphère de témoignage et m'ouvrir de nombreuses portes nouvelles.

Epilogue

— Ne serait-ce pas extraordinaire si, en cet instant, devant vous, j'étais miraculeusement guérie, si je quittais mon fauteuil roulant et me tenais sur mes pieds ? Quel miracle ! Nous serions tous remplis d'admiration et de louanges. Chacun de nous pourrait l'attester personnellement. Nous aurions vu la merveilleuse puissance de Dieu à l'œuvre. Ne serait-ce pas palpitant ?

C'est ce que je disais à un auditoire de mille six cents jeunes. Je me tus, les laissant se représenter la scène. Puis je poursuivis :

— Mais bien plus extraordinaire et admirable serait le miracle de votre salut, la guérison de votre âme ! Vous comprenez, il serait infiniment plus beau puisqu'il aurait ses effets pour toujours. Si mon corps était soudainement et miraculeusement guéri, je retrouverais l'usage de mes membres pour trente ou quarante ans, puis mon corps mourrait. Mais une âme vit pour l'éternité ! Du point de vue éternel, mon corps ne durera qu'un clin d'œil.

Après cette rencontre, quelqu'un me demanda :

— Croyez-vous que c'est parce que vous étiez tellement volontaire et obstinée que Dieu a été obligé de vous clouer dans un fauteuil roulant ?

Je secouai la tête.

— Nous lisons dans les Psaumes que Dieu ne nous traite pas selon nos péchés et nos iniquités. Mon accident n'était pas un châtiment pour mes fautes, que je l'eusse mérité ou non. Seul Dieu sait pourquoi je suis paralysée. Peut-être pour que je sois finalement plus heureuse à son service. Si je n'étais pas invalide, il est difficile de dire comment les choses seraient allées. J'aurais probablement dérivé dans la vie, vers le mariage, peut-être même le divorce, insatisfaite et désillusionnée. Quand j'étais à l'école secondaire, j'avais des réactions égoïstes et ne construisais pas ma vie sur des valeurs durables. Je vivais au jour le jour et pour mon plaisir, presque toujours aux dépens des autres.

— Mais maintenant, vous êtes heureuse ? me demanda une adolescente.

— Oui ! Je le suis vraiment. Je ne changerais ma vie pour rien au monde. Je me sens même privilégiée. Dieu ne donne pas à chacun une attention aussi particulière en intervenant ainsi dans son existence. Il permet à la plupart des humains de suivre leur propre chemin. Il les laisse faire, même s'il sait qu'ils ruinent leur vie, leur santé et leur bonheur, bien que cela doive l'affliger terriblement. Je suis profondément reconnaissante qu'il ait fait quelque chose pour m'attirer et me transformer. Vous savez, il n'est pas nécessaire de se briser la nuque pour être amené à Dieu. Mais, en fait, les gens ne tirent pas toujours pour eux-mêmes les leçons des expériences des autres. Je souhaite pourtant que la mienne vous soit profitable et que vous n'ayez pas à passer par la même école de souffrance.

Au cours des mois qui suivirent le voyage à Chicago, je commençai à considérer mon fauteuil roulant comme un outil permettant de toucher les élèves dans les classes.

De nombreux jeunes se donnèrent à Christ après m'avoir entendue. Cela aussi était *quelque chose de meilleur*.

Je comprenais pourquoi l'apôtre Paul pouvait se réjouir dans la souffrance, pourquoi Jacques exhortait à regarder les tribulations comme un sujet de joie et pourquoi Pierre ne trouvait pas étrange que la foi fût mise à l'épreuve. Toutes ces afflictions et ces difficultés avaient finalement des résultats positifs à la louange, l'honneur et la gloire de Christ.

Paisiblement, je remerciais Dieu pour les progrès qu'il m'avait aidée à faire. Je me rappelais que, à l'hôpital, quelques années auparavant, quelqu'un m'avait dit :

— Pensez à toutes les couronnes que vous recevrez au ciel pour avoir tant souffert !

J'avais répondu durement :

— Je ne veux pas de couronnes ! Je veux retrouver l'usage de mes jambes !

Mais maintenant, ma pensée était : Tant mieux si je gagne des couronnes ! J'aimerais en recevoir davantage, car c'est tout ce que je pourrai apporter au Seigneur Jésus quand je le verrai.

Actuellement, je suis heureuse des occasions de souffrir pour lui si elles m'amènent à louer Dieu encore plus. S'exprimer ainsi peut paraître vide et prétentieux. Pourtant, il est bien vrai que j'estime maintenant ma paralysie sans importance.

Mes circonstances sont survenues dans le dessein divin de former mon caractère et me faire refléter les qualités de Christ. Il y a encore un autre but. 2 Corinthiens 1. 3-7 montre que nous pouvons consoler ceux qui ont à subir les mêmes sortes d'épreuves.

La sagesse consiste à se *confier* en Dieu et non à demander : pourquoi, Seigneur ? Dans le calme et soumise à la volonté de Dieu, je sais que c'est lui qui dirige tout. Ce n'est pas une acceptation aveugle, entêtée ou stoïque, mais c'est apprendre à connaître Dieu et expérimenter qu'il est digne de cette confiance. Je suis inconstante, Dieu ne l'est pas ! Bien que j'aie des hauts et des bas, de l'amertume et des doutes, lui est fidèle. Son amour ne change pas.

Jacques, l'apôtre, écrivait à des gens en danger d'être déchirés par les lions. Leur sort était certes pire que le mien. Si ses paroles suffisaient pour leurs besoins, elles doivent indubitablement satisfaire les miens.

Alors que j'écris ceci, l'année 1975 s'achève. Je suis assise dans les coulisses d'un grand auditorium de Kansas City. On m'a demandé de m'adresser ce soir à près de deux mille adolescents dans un rassemblement de *Jeunesse pour Christ*.

J'ai quelques instants de repos et de réflexion derrière les épais rideaux qui me séparent de l'auditoire. Ma pensée retourne en arrière aux différentes scènes de ces huit dernières années. Les visages aimés de ma famille et de mes amis défilent devant moi : Jay, Diana, Dick, Donald, mes parents, Steve — des personnes que Dieu a amenées dans ma vie pour m'aider à me laisser façonner toujours plus à l'image de Christ.

Je puis louer Dieu pour tout : les rires et les larmes, la joie et la souffrance ! Tout cela a fait partie de ma *croissance dans la grâce*. La jeune fille qui s'affolait et vacillait devant chaque nouvelle circonstance est maintenant devenue adulte. C'est une femme qui a appris à s'appuyer sur la souveraineté de Dieu.

J'entends la voix du directeur de *Jeunesse pour Christ*, Al Metzger, qui me présente. Soudain, la raison pour laquelle je me trouve ici prend toute sa force. Durant les trente prochaines minutes, je m'adresserai à deux mille jeunes. Je leur raconterai comment Dieu a transformé une gamine irréfléchie et entêtée en une jeune femme responsable qui apprend à se réjouir dans la souffrance. J'aurai là une occasion unique. De ce que je leur dirai peut dépendre leur sort éternel. C'est pourquoi je prends très sérieusement à cœur ma responsabilité envers eux.

Je leur parlerai des initiatives de Dieu dans ma vie et leur expliquerai ses buts tels que je les vois maintenant. J'essaierai de leur faire comprendre la révélation concernant la nature du Dieu d'amour, son caractère, les raisons de la venue de Christ dans le monde et la réalité du péché et de la repentance.

Al Metzger a terminé son introduction. Chuck Garriott porte mon chevalet sur la scène tandis que sa femme, Debbie, pousse mon fauteuil dans la lumière éblouissante des feux de la rampe. Alors que les applaudissements cessent, j'apaise mes pensées et prie que le Saint-Esprit se serve une fois de plus de mes paroles et de mon expérience pour toucher l'auditoire. J'espère qu'ici, comme dans d'autres rencontres, des dizaines de jeunes répondront à l'appel de Dieu. Mais même si un seul est attiré à Christ, j'en serai heureuse.

Oui ! Pour une seule personne, il valait la peine de payer le prix de ces huit années passées dans un fauteuil roulant !

Joni Eareckson
P.O. Box 248
Sykesville, MD 21784
USA

Imprimé en Suisse

Achevé d'imprimer
sur les presses
de l'Imprimerie Cornaz S.A., à Yverdon-les-Bains (Suisse)
en janvier mil neuf cent quatre-vingt-deux